普天之下・盡是好書

普天出版家族
Popular Press Family

凌雲文創
A-Plus Creative Company

將偏執放下，
快樂就在腳下

該放下的時候就放下 全集

Just let it go

千江月=編著

但丁曾經寫道：「塵世的稱頌只是一陣風，一時吹到東，一時吹到西，
改變了方向就改變了名稱。」
確實如此，人生在世，為了那些可有可無的名聲、地位、財富而執著，是很可笑的事。
許多事情，該放下的時候就要放下，如此你便會發現，其實快樂就在自己的腳邊。

• 出版序 •

學會放下，才能成長

捨得放下不叫無情，是為了重新整理心情面對自己和未來，放下昨天的悲情，才能讓自己歸零，調整心情向前邁進。

放下悲傷，割捨情傷，別再困在昨天的足印中了，糾著心一再懊悔舊事，無論再怎麼苦悶煩惱也無法回到昨日，不是嗎？

人之所以能保有回憶，是爲了提醒我們要繼續好好生活下去，更要積極前進，辛苦走過昨天，是爲了能有一個完美明天。

有個守墓人每個星期都會收到一封信和五十元的買花錢，信裡署名爲「孤獨的老人」，請守墓人每星期都要爲墓地裡的哈里獻上一束鮮花。有一天，這個神秘的「孤獨老人」現身在這個墓園，原來是個老太太。她搭車子來到墓地，不過並沒有下車，而是請司機向守墓人道謝：「車子裡坐的便是託你每星期幫她送花給兒子的婦人，因爲她不良於行，她想請你到她那兒說幾句話。」

守墓人跟著司機來到老人家的面前，氣色不太好的老太太向守墓人點了點頭，「我就是那位寄信的老人，這幾年麻煩你幫忙照顧我兒子，眞是謝謝你。」

「這不過是件小事，別客氣。」守墓人說。

「唉，醫生說我將不久人世，雖然我老早就不想活了，但我始終惦記著沒有人能再送花給我兒子啊！」老太太紅著眼眶說。

守墓人聽了，溫和地對老太太說：「夫人，何不將您對兒子的愛與大家分享？其實，每當我看著枯萎的花，我都會想，也許您的兒子並不喜歡，或者他更希望看見您的笑容啊！這世上有不少和您兒子一般年紀的窮困孩子，只要您願意，您將擁有更多愛您的『兒子』啊！」

「貧困？兒子？」老婦人喃喃唸著。

「是的，夫人，請恕我冒昧，在這兒都是些長眠不起的人，與其讓花朵跟著一再死去，不如把這些錢用在培育其他生命身上。」守墓人說。

老太太聽了守墓人的話，一句話也沒說，最終只輕輕地向守墓人點了點頭，然後便請司機開車。見狀，守墓人有些後悔：「唉，對一個痛失愛子的孤寡老人，我說這些似乎得太重了些。」

過了幾個月，那輛小車又出現了，那位老太太也在車中，意外的是，這次開車的人卻是老太太自己。車子一停，便見老太太開心地走下車，神采奕奕地對著守墓人說：「謝謝你，你的建議創造了一個奇蹟。我把錢全部捐給了那些急需幫助的孩子，看見他們快樂的模樣，眞的讓我好感動，我知道我還有很多事可以做，而且在我身邊還有好多孩子需要幫助，你看，我這雙癱瘓多年的腿也好了呢！這眞是個奇蹟啊！」

這眞是奇蹟發生嗎？

當然不是，老太太能夠走出來的原因很簡單，只要用八個字就能解答：「打開心房，忘記悲傷。」一如身邊的許多例子，多少人不是和老太太一樣，固守著悲情，回顧著已逝的往事，然後讓自己限於囚牢中？

悲傷易結，樂觀心難現，很多人習慣讓自己陷於激情感傷當中，只是激情過後，卻是滿心的空虛和疲困，有多少人眞覺得情緒獲得紓解？因此更加心情鬱結的人也許更多。

時間會帶著你我繼續前進，那些已逝的人，已經過去的昨日之事，早該跟著時間一齊留在那時那地。

捨得放下不叫無情，是爲了能重新整理心情面對自己和未來。放下昨天的悲情，才能讓自己歸零，調整樂觀的心情繼續向前邁進；學會放下，才能和那個老太太一樣，重新擁抱等待許久的新人生。

本書《該放下的時候就放下全集》是作者舊作《該放下的時候就放下》與《該放下的時候就放下 2》的全新增修合集，謹此說明。

出版序 學會放下，才能成長

PART—1 多退一步，未來才有退路

聰明的人都懂得留三分情，那不僅僅是留予人後路的善念，也是多為自己爭得一點未來退路與開拓空間的智慧。

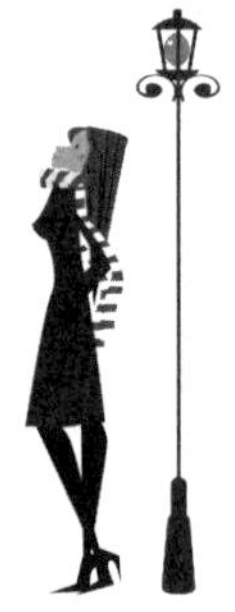

忍一時情緒，換一輩子情誼／18
多退一步，未來才有退路／22
與其較量，不如忍讓／26
積極肯定，就能開啟新局／31
想得到別人敬重，先問自己有幾兩重／33
多為對方著想，愛情更理想／40
仔細考慮再說「我願意」／45
觀察要用心，感情才真心／50

PART—2

與其盲目追求，不如珍惜擁有

不想等到失去時才懊悔，那麼，現在就請用心感受眼前所擁有的一切，也細心體會身邊人事物默默給予的支持力量。

有小聰明，更要有大智慧／56

與其盲目追求，不如珍惜擁有／60

有實力，就有成功的契機／66

心胸寬厚就是富有／70

勇敢前進就不會身陷困境／75

機運不是天降而是自己開創／80

不投機取巧，人生才會充實富足／84

別讓嫉妒心蒙蔽自己的理智／89

因為誠信，所以能得人心／93

PART—3

面對錯誤，生活就能重新開始

因為一念之差，有人往墮落的生活沈溺，也因為一念之差，有人從懸崖邊緣緊急拉回自己。

用同理心表達自己的關懷貼心／98

面對錯誤，生活就能重新開始／103

別讓生活困苦阻斷一生前途／108

用坦白面對真愛／113

人生有限，務必均衡分配時間／118

把美麗的花朵種植在心田／121

嚼出苦果裡的好滋味／125

珍愛生命中的一切／130

PART—4

放下煩惱，結果往往出乎預料

還在計較應得的成績與讚美的人，不妨放下這些無謂的煩惱，只管盡情盡心地表現，相信最終得出的結果將會超出的預料。

該放下的時候就放下／134
下定決心，就別輕易放棄／138
想要快樂充實，就要懂得節制／142
閒話太多，不如閉口沉默／146
放下煩惱，結果往往出乎預料／151
放下貪念，才能闖出一片天／155
與其裝糊塗，不如學會寬恕／159
事情就是像你想的那麼簡單／163
有志業，就有成功的機會／167

PART—5

用平常心看待順境和逆境

生活本來就吉凶參半，不要偏執於神怪預言的傳說，也不要相信命理神算的胡謅，許多事不是人誤而是自誤。

與人敵對，不如並肩向前／172
少一點偏見，多一點真心相對／177
有體貼的心，才能贏得人心／182
話不說滿，才有空間轉寰／187
只要確定方向，繞道又何妨？／192
彼此尊重，才有良好互動／196
別從他人的眼中尋找自信／200
只要轉念思考，就不被問題難倒／204
用平常心看待順境和逆境／208

PART—6

你可以選擇讓自己更快樂

人生是無比寬闊的，被否定的時候，別抱著「失敗」的心態繼續前進，而是轉個彎或者回頭重新開始，你才能快樂地享受成功的甜美滋味。

做自己，最美麗／214
技術高明不如態度正確／218
你可以選擇讓自己更快樂／222
做自己，才是真英雄／226
懷疑別人之前，先問問自己／230
做事不認真，無法獲得信任／233
越渺小的事情越重要／237
你的心是否真的公平公正？／240
越複雜的問題越簡單／244

PART—7

把腦海中的「猴子」放下

越想刻意忘記，這些「鬼影子」反而越是佔滿了我們的腦海。不想讓「猴子」在腦海裡出現，就必須把注意力轉移，把焦點放在更重要的事情上。

有目標，才有活力／250
把腦海中的「猴子」放下／254
昂首闊步，才能看見成功的道路／258
成長，才是衡量一個人的標準／262
別給自己退縮的機會／266
基礎打得好，成功來得早／269
幸福來自內心的滿足／273
從習慣中培養本能／276

PART—8

被動的人註定是輸家

不要總是被動地等待，必須學會如何掌握「主動」，才不會錯過任何有利機會，更能由退轉為進，掌握永遠的主控權。

越真誠的作品越無價／282
貧富差距，是自己造成的／286
不要老是想當「滑翔機」／289
正面迎戰，才有更多勝算／293
別讓四肢成為裝飾品／296
被動的人註定是輸家／299
別讓誤會成為習慣／303
「迷信」也能激勵士氣／307
時間，就是你唯一的資產／311

PART—9

不要在崇拜情節裡迷失自己

當你急著找尋自己與名人們的相似點時，千萬不要把他們跌倒的姿態也列為你膜拜的重點，因為那只會讓你跟錯了步伐，走錯了人生的方向。

越刻意，越容易失去／*316*

確認方向之後再上路／*319*

設限少一點，機會多一點／*323*

想要成功，就不能情緒失控／*328*

別給自己挑三揀四的藉口／*332*

把愛心用在對的地方／*335*

不要在崇拜情結裡迷失自己／*339*

利他，就是利己／*343*

越單純，越不易生存？／*347*

PART—10

磨練越多，挫折越少

堅強你的意志，勇敢地面對每一場重要的磨難，當你能熬過每一個艱苦的日子時，你便能成為永遠的勇士，再多的辛苦也不足為懼。

快樂就在生活之中／352
錯誤的經驗，是成功的元素／356
迷信的人往往充滿自卑感／359
提防看不見的陷阱／363
越急躁，越容易出錯／366
多一個朋友，不如少一個敵人／369
磨練越多，挫折越少／373
每一個缺陷都有存在的意義／377
想成佛，先去掉腦子裡的壞念頭／381

Part 1

多退一步，未來才有退路

聰明的人都懂得留三分情，
那不僅僅是留予人後路的善念，
也是多為自己爭得一點未來退路
與開拓空間的智慧。

忍一時情緒，換一輩子情誼

情緒也許不易控制，但冷靜地深呼吸一口，靜靜地想想爭執後的怨懟仇恨，到底是能讓人多得一點快樂還是痛苦。

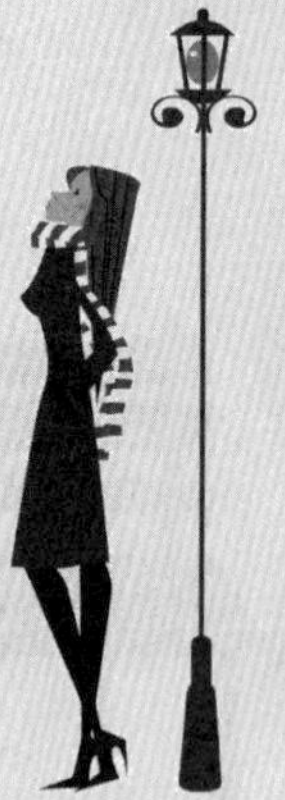

人與人之間難道非得以爭吵的方式，才能得見更濃烈的情誼嗎？看看身邊的故事，我們不難發現，許多人爭吵過後，看似情緒終於獲得宣洩，事實上，各自心中反而更添感慨與傷心。

原因無他，情緒話說完，大部份的人都會感到懊悔，因爲很多時候，當我們情緒冷靜下來之後常會發現，那不過是一件小事，實在沒必要情緒大發，多說了那些傷人的話！

有個年輕人脾氣十分暴躁，只要一不開心，便會與人起爭執，甚至是兇狠惡鬥起來，讓當地家長紛紛向孩子警告：「你們不准和他交朋友！」

有一天，年輕人無聊地走到大德寺，碰巧聽見一休禪師正在說法。

他聽完後，忽地雙腳一跪，向禪師發誓自己要痛改前非：「師父啊！我以後再也不跟人家打架了，就算是別人往我臉上吐口水，我也會默默承受，自己偷偷擦掉它！」

一休禪師聽了笑著說：「孩子，讓口水自己乾了吧，不必去擦掉！」

年輕人滿臉困惑地問禪師：「讓它自己乾？那不太好吧，這……有口水在臉上，應該不太好受，這應該沒有人能忍受吧？」

一休禪師搖了搖頭，回答說：「沒有什麼能不能忍受的，你就把它當作是蚊蟲停在你臉上吧！如此一來即使被吐了唾沫，心裡也不覺得侮辱，你何妨微笑接受它？」

年輕人又問：「如果，對方不只吐口水，還揮拳頭，那我要怎麼辦？」

一休禪師回答：「道理是一樣的！你何必在意？不過是一個拳頭，只要你不乎它也不去理睬它，再痛也只有那一下而已！」

但年輕人似乎仍然不明白，覺得這和尚眞是莫名其妙。

只見他忽然舉起拳頭，朝著一休禪師的頭上打了一下，接著冷笑著問：「和尚，你現在想怎麼做？」

一休禪師笑著問：「咦？我的頭應該很硬吧！我是沒什麼感覺啦，倒是你，不知道你的手痛不痛呢？」

年輕人先是一愣，跟著低下了頭，安靜省思著，不一會兒他抬起頭來，莊重地對禪師說：「我明白了！」

你認爲年輕人領悟到了什麼？

恩怨易結，一個拳頭也許可以把人打倒，但最後我們不僅手會痛，心也會因此而再受傷痛。畢竟多結一個仇家，便代表著可能少了一個朋友，心中就將多得一點孤獨滋味啊！

爭吵一時，手痛片刻，但情誼卻可能從此消失，仔細衡量之後，我們是不是損失得更多？

認真省思之後，我們不妨再聽聽一休禪師的指導：「忍一忍吧！情緒也許不易控制，但冷靜地深呼吸一口，靜靜地想想爭執後的怨懟仇恨，到底是能讓人多得一點快樂還是痛苦。聰明的人應當不難領悟，只要明白其中的差別，我們便不會不知道該做什麼樣的聰明選擇。」

你知道要怎麼選擇了嗎？

用微笑化解紛爭吧！人和人之間其實並沒有那麼多的難解之題，有的只是各自僵持不下的面子問題，或無聊的情緒之爭。

只要我們放下面子，許多情緒話根本不需要發出；只要放下情緒，那拳腳自然再也無用武之地。

多退一步，未來才有退路

聰明的人都懂得留三分情，那不僅僅是留予人後路的善念，也是多為自己爭得一點未來退路與開拓空間的智慧。

做人多留一分情面，不讓人際關係走到絕境，才不致於把自己逼進死胡同裡。

許多現實生活中的例子都告訴我們，當我們走到絕處時，往往會因爲曾經留下的情分，爲自己爭得一個新生的機會。

所以，人與人交流時千萬不要把話說絕，也不要把人情路阻斷，聰明地退讓一步，留給別人一些轉寰的空間，相信有一天我們也會在非常時候，看見相同的後退之路。

瓊斯先生是某家啤酒工廠的老闆，有許多合作的客戶，其中不免有一兩家麻煩的客戶總愛拖欠帳款，其中一間由克勞恩先生負責的店家便欠了瓊斯先生一千美元的酒錢。

有一天，克勞恩先生來到啤酒工廠找瓊斯先生，一看見瓊斯先生便破口大罵：「你們家的啤酒品質眞是越來越差了，消費者一個個罵聲連連，我告訴你，我們不會再買你們的啤酒了，還有，你聽好了，像這樣的產品實在讓我損失不少，所以那一千美元就當是賠償我的。」

瓊斯先生安靜地聽著，毫不動氣。克勞恩說完話時，沒想到瓊斯先生竟開口賠不是：「很抱歉，關於你的意見，我會立即向研發部門反應。至於你們欠的那一千美元就算了，畢竟是我們的啤酒太不爭氣了，既然你已經決定不再合作了，那沒關係，無論如何謝謝你過去的照顧……」

瓊斯先生忽然說出這些話，完全出乎克勞恩的預料，因爲這一切其實並不是眞的因爲啤酒品質的問題！

爲了找藉口不付一千美元的啤酒錢，克勞恩想出了這個爛點子，原本以爲瓊斯不是和他一番爭執，便是會爲了留下客戶而讓步，但沒想到最後結果卻是瓊斯無條件退讓，這也使得克勞恩自己也沒機會前進。

瓊斯先生看著克勞恩先生呆住的模樣，約略也猜到了他的想法，畢竟他們都知道眞相並非如克勞恩所說的，消費者對啤酒出現質疑。事實上，瓊斯工廠出產的啤酒依然是當地消費者的最愛！

瓊斯先生看見克勞恩的神情，忽然又笑著說：「好吧！老實說，我還是很希望能與您合作，如果您願意的話，錢可以分期支付，如何？」

克勞恩看著瓊斯，愣了半晌才回神答應：「好，錢我會慢慢還的。」

聰明的瓊斯先生沒有正面反駁克勞恩的不是，反而巧妙用了迂迴戰術，先發虛招，表示接受克勞恩的意見，然後安靜地等待克勞思情緒發洩完畢，接著再見機展開攻勢，以誠意化解了原先的尷尬。

人與人之間要樹敵不難，只是聰明的人都懂得留三分情，那不僅僅是留人後路的善念，也是多為自己爭得一點未來退路與轉寰空間的智慧。

其實，我們都知道，不管彼此的相處是否已出現問題，情緒又是否已按捺不住達到臨界點，一味地情緒解題，最終吃虧的還是自己。

所以，聰明的瓊斯先生不多說什麼，反而讓立意不穩的克勞思多說些話，也讓他越來越發覺自己的不對。雖然這對瓊斯先生來說有些委屈，但聰明人在吞下委屈的同時，其實也抓住了另一個機會，例如克勞恩決定還錢，以及兩家繼續合作的機會。

人和人之間應以善結緣，即便不能繼續，至少要力求好聚好散。不把人逼盡死路，等於為自己留一條後路！

與其較量，不如忍讓

何必發火？凡事由他、讓他、不理他，如此自然能減少人與人之間的衝突，更能讓自己多一些清淨。

日本心理學家德田虎雄曾經提醒我們：「人與人之間的關係是微妙的，不容易相處好的。有時小小的關心照顧成了人與人之間的潤滑劑，相反的，有時言行不慎，也會傷害對方的感情。」

當你情緒發作時，習慣怎麼解套？是任由情緒蔓延擴大，還是再加油添醋讓火更熱烈燃燒？

放下不必要的怨怒，聰明地澆熄不必的怒火吧。

生活一切都將迴照給自己，我們怎麼對人，人們便會怎麼對待我們，當我們將情緒送出的同時，其實人們也會把相同的情緒「回饋」給我們。

有一天，兩個猶太人打賭比賽，誰能讓號稱「以色列智者」的希勒爾拉比發火，就能贏得四百元。

最後，他們選定安息日的前一天晚上行動。

這天晚上，希勒爾拉比正在洗頭，忽然有男子對著屋內大聲喊道：「希勒爾，希勒爾在嗎？」

希勒爾趕忙用毛巾將頭包好，然後出來見客：「孩子，有什麼事嗎？」

男子點了點頭說：「拉比，我有個問題要請教你！」

「請講。」希勒爾說。

「爲什麼巴比倫人的頭是圓的呢？」男子提出了一個奇怪的問題。

希勒爾笑著說：「孩子，你提出了一個很好的問題。那是因爲他們缺乏熟練的助產士。」

這個人明白地點了點頭，然後便離開了，但不久他又出現了，一樣又大聲喊著：「希勒爾在嗎？希勒爾在嗎？」

希勒爾拉比連忙又把頭包好來見客：「孩子，還有什麼事？」

「拉比，我有個問題……」他說。

「請說吧！」希勒爾微笑說。

「爲什麼帕爾米拉的居民眼睛都很差？」男子問道。

「因爲他們住在沙塵飛揚的地方，那樣的環境很傷眼睛。」希勒爾說。

「那非洲人的腳爲什麼都那麼大？」他又問。

希勒爾仍是耐心地爲他解答。

這個男子聽完後，又說道：「我還有很多很多問題，您不會生氣嗎？」

希勒爾笑著說：「還有什麼問題，你儘管問吧！」

「你是人稱以色列智者的希勒爾嗎？」男子問。

「不錯。」希勒爾說。

「唉，但願以色列不會再有像你這樣的人了。」男子嘆了口氣說。

「爲什麼？」希勒爾不解地問。

「因爲，你害我輸掉四百元錢。」男子滿臉失望地說。

希勒爾了解打賭的前因後果後，笑著對這個男子說：「記住啊！孩子，希勒爾絕對值得你爲他輸掉那四百元。事實上，無論你們加再多錢，希勒爾也一樣不會發火！」

身爲專爲族人解惑的智者，希勒爾的修養自然非比一般，相較於這個平凡人的作爲，兩者間的修養高低不言可喻，至於有心較量爲難之事，誰高誰下也自然不難料到結果。

從故事回到現實生活中，我們也得到了另一番啓發。

人與人之間，不也經常發生像這樣的挑釁對立？有些人不也喜歡以激怒別人爲樂，最終卻也常得到兩敗俱傷的結果？

「何必發火？凡事由他、讓他、不理他，如此自然能減少人與人之間的衝突，更能讓自己多一些清淨。」這是以色列智者希勒爾給男子的指引，也是他想提醒我們的。

簡單來說，和人爆發衝突，看似能損傷他人，其實多半傷的是自己。聰明的讀者，這時你是否也明白了用四百塊換一則智慧的價值？是不是覺得物超所值呢？

現在我們不必花那樣多的錢，就能得這個智慧，往後在人際交流時，你是否也懂得冷靜情緒，懂得用瀟灑微笑，輕解糾結的人際難題了呢？

積極肯定，就能開啟新局

不要輕易否定身邊的人，只要在對的時候給對機會，人們往往會因為這個包容與肯定而受惠。

如果能夠選擇，相信沒有人會選擇錯誤的路；察覺偏差錯想引導自己走錯了路，多數人也會想回頭。

但遺憾的是，在現實環境中，人們只是滿口原諒和包容，眞正肯付諸實踐的人總是寥寥可數。

不要放棄任何一個人，生命可以因爲我們的包容原諒而重獲新生，只要我們不吝給予機會，犯錯的人便能因爲鼓勵，開啓嶄新的未來人生。

在某個小鎮，有個惡名昭彰的地痞流氓名叫布魯姆。整日遊手好閒的他經常酗酒鬧事，鎮民一看見他都避之唯恐不及。

有一天他又喝酒闖禍，不只鬧事，還鬧出了人命！

布魯姆因此被判刑入獄。入獄之後，他的氣焰不再，開始回想過去的自己，心中良知似乎也漸漸抬頭。

「唉，我怎麼會這麼壞？」想起以往的行爲，布魯姆深深感到懊悔。

這個成功的自省，讓他決心協助獄方阻止犯人們集體越獄的計謀，這件事也讓他獲得了減刑的機會。

布魯姆終於出獄了，再次回到小鎮上，準備重新做人，然而想再次站起來的他卻走得極不順利，儘管到處應徵，卻沒有人願意給予機會。

因爲，那些老闆過去都曾被布魯姆敲詐，當然沒有人會接受他。沒有工作機會便代表著沒有收入，沒有收入又如何能維持生計？

布魯姆一連餓了好幾天，不得已只好向親友們求助，但卻遭到人們的白眼與無情拒絕，這讓他原本充滿希望的心，開始走向失望與放棄的邊緣。

這時，鎮長聽說了這件事，便主動找布魯姆並給他一百美元。當布魯姆接過錢時，臉上不見絲毫激動或感動的神情，只是靜靜地看了鎮長一眼之後便離去，從此消失在這小鎮上。

直到五年後，布魯姆才再次出現在小鎮上，穿著筆挺的西裝，神情、氣質與先前判若兩人。

原來，布魯姆帶著鎮長給他的一百美元離開之後，以此爲志：「我一定要將這一百元還給鎮長！」決心加穀力終於讓布魯姆賺得了人生的「第一桶金」。這天他回到故鄉，不僅是爲了還清親友們的舊帳，更是要帶著家人一同到鎮長家表示感謝之意。

事後，人們問鎮長，當初爲何選擇相信布魯姆？

鎮長笑了笑：「因爲他的眼神讓我相信他不是存心欺騙，更重要的是，我那麼做是要讓他相信，這個世界不會遺棄他，只要他不放棄自己。」

在我們身邊總會有些啓蒙人物，他們的動作或許不大，他們的情意也許不甚濃郁，但那小小的幫助心意，卻往往帶給我們極大的啓發作用，就像故事中的鎮長一樣。

曾有人說：「給人一個機會，就等於給世界一個機會。」因爲我們永遠料想不到眼前的人到底有什麼樣的可能性，或許眼前的他只是智慧尚未開啓，所以一再選錯路，如果我們就這麼放棄了他，不是有些可惜？

人創造機會，其中機會的來源不只包括自己創造而得，也包含了人們給予的機會。只要在對的時候給對機會，人們往往會因爲包容與肯定而受惠。

所以，不要輕易否定身邊的人，就像孩子書讀得不好，不代表他沒有其他的才能，只要循循善誘，耐心引導，並且以積極的態度帶動他，給他多一些信心和肯定，也許下一個創造傳奇的人，可能就是眼前這個曾經讓人傷透腦筋的孩子！

想得到別人敬重，先問自己有幾兩重

無論敵人如何讓人心寒，我們若能自發地退讓一步，先打開自己的心，就能讓個人的成就更加圓滿。

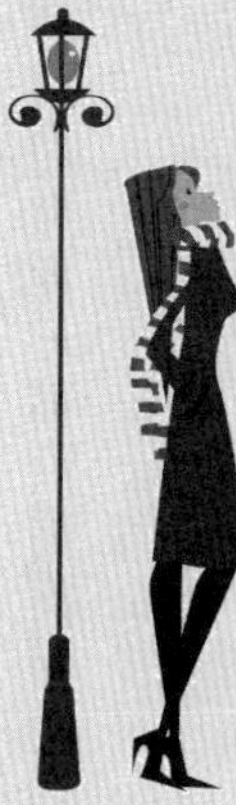

正陷在有志難伸困局裡的人，現在何不想想，到底眞的是機會難尋，還是自己的能力仍然受人質疑，甚至連自己也感到懷疑？

如果答案是肯定的，那麼現在什麼都別多想，努力加緊充實自己。

因爲，當我們的能力有所不足時，不只信心難以展現，對人們的嘲諷與否定，我們也無力反駁。

記住，想得到別人敬重，先問問自己到底有幾兩重。

在歐洲，居爾．斯特蘭德的名字在醫學界幾乎無人不知。他不僅是位高明的眼科專家，還是揭開眼睛生理光學領域的大師。

居爾．斯特蘭德先生在家中排行老三，他的父親老斯特蘭德也是位眼科醫生，在當地頗有名氣。

他們的老家在瑞典的某個鎮上，那兒住著一位有錢的瑞典富翁，名叫瑪爾蓋爵士，據說沿海的麵粉廠、化工廠、造船廠全都是他的。

當時，瑪爾蓋曾在貧民區創立了一所醫院，但卻有個小診所妨礙了醫院的發展，那便是老斯特蘭德先生的眼科診所，在這裡進出的患者，不只瑞典國內的病人，還包括那些慕名而來的北歐其他國家的患者。

對於老斯特蘭德先生的名聲，瑪爾蓋爵士十分不屑，也十分不悅，因爲他的緣故，瑪爾蓋的醫院名氣根本炒不起來，病人們還是選擇到老斯特蘭德先生那兒就診。

不久，有人向瑪爾蓋提議，聘請老斯特蘭德先生來瑪爾蓋醫院管理眼科，但瑪爾蓋卻以他沒有文憑而拒絕。

這件事傳到老醫師的耳裡，讓他十分氣憤。後來，瑪爾蓋仍以極高的姿態，答應他的三兒子居爾．斯特蘭德申請到該醫院實習。知道瑪爾蓋的心態，居爾．斯特蘭德很不舒服，但仍然憋著一口氣，並要求自己一定要成功：「我絕不讓他看扁了！」

居爾．斯特蘭德果然不負父親的期望和自己的承諾，十八歲那年以優異的成績考入醫學院，畢業後接下父親的小診所，開始與瑪爾蓋醫院競爭。

居爾．斯特蘭德很爭氣地在二十八歲拿到了博士學位，這個新頭銜讓他更具吸引力，同時他的博士論文也轟動整個學界；三十歲時，他被任命爲斯德哥爾摩眼科診所所長。

瑪爾蓋聽說了這個消息，心中不免後悔：「早知道留個後路給他，也許不致讓兩方鬧得這麼僵，連打個招呼都感到丟臉！」

就在這個時候，瑪爾蓋的女兒芬妮得了嚴重的眼病，找遍全國的眼科醫生都無法治癒，後來請來北歐著名的眼科專家，也一樣束手無策。

想得到的人都請來了，除了那個「對手敵人」！瑪爾蓋一家人陷入絕望之中，最後芬妮說：「去請居爾．斯特蘭德醫師來吧！」

瑪爾蓋先生只得拉下了臉，親自邀請居爾．斯特蘭德來爲女兒治病。想不到居爾一口答應，這個情況眞讓瑪爾蓋羞愧不已。

事實上，對居爾來說，在他眼中只有「病人」，沒有「敵人」，所以當人們需要幫助的時候，他義不容辭地盡力救助，關於瑪爾蓋曾經給予的歧視與冷漠，他早就忘了。

從這個故事當中，我們不僅看見一個人力圖改寫自己人生的故事，還看到做人處世的典範。

無論敵人如何讓人心寒，我們若能自發地退讓一步，先打開自己的心，或者就能看見生命的可愛，甚至還能讓個人的成就更加圓滿。

這類力爭上游的故事天天都在發生，不過，現實生活中總還是有只顧著埋怨，不肯自己努力走出困境的人。雖然社會階級與貧富觀念仍在，人心現實也一樣會繼續出現，但人生結果如何，還是看我們自己怎麼創造，一如居爾・斯特蘭德一樣，只要我們願意，沒有人不能走向成功。

其實，人心雖然現實，但也眞實，只要實力飽足，面對實力堅強的對手時，他們一樣得屈服。所以，我們要像居爾・斯特蘭德一樣，在面對瑪爾蓋的爲難時，不自卑埋怨，而是積極勉勵自己：「不想讓人看輕，就要先認真充實自己的能力！」

多爲對方著想，愛情更理想

想擁有幸福愛情的人，不妨想想，是否只懂得站在自己的角度看事情，只顧及自己的心情感受，一味要求對方體貼自己。

在這個個人主義高張的年代，男人女人都習慣爲自己爭取權利，常認爲自己才是最重要的，更理所當然地認爲對方應該要明白自己。

可是，希望對方明白的同時，我們又是否願意多去了解對方的需要，又是否能時時體貼對方呢？

凡事要反求諸己，兩性之間的相處也是如此，期待別人愛自己之前，希望愛人能明白自己的同時，別忘了要先付出自己的愛，以及展現一些用心了解對方的貼心舉動。

巴甫洛夫是俄國傑出的心理學家，在三十二歲那年結婚，正如他傑出的研究成果，他的求婚儀式也別具一格。

求婚那天是十二月三十一日，巴甫洛夫在實驗室待到很晚，朋友早就在他家集合等待著一起跨年，當時外頭正下著大雪。

這時聖彼得堡市議會大廈的鐘已敲了第十一下，有個同學說：「巴甫洛夫在幹什麼？他到底想在實驗室做研究到什麼時候？人生在世，時間不多，他為何不好好地享受生活？」

這時，巴甫洛的女友賽拉菲瑪聽了，站起來反駁說：「那是因爲你不了解他的緣故！沒錯，人生很短暫，不過，正因爲如此，巴甫洛夫才會那麼努力工作。他常說，在世界上我們只能活一次，所以更要珍惜光陰，過著充實且有價值的生活。」

夜深了，同學們一個個離去，賽拉菲瑪擔心巴甫洛夫，於是直接來到實驗室門口等他。

鐘聲敲到第十二下，時間已經來到一八八一年的第一天！

巴甫洛夫直到這時才從實驗室走出來，看見賽拉菲瑪站在雪地中等他，心裡十分感動。見到賽拉菲瑪微笑地向自己揮手，他立即上前挽住她的手，兩人一同走在雪地上。

走著走著，巴甫洛夫突然將手指按壓在賽拉菲瑪的脈搏上，開心地大聲說：「太好了，妳的脈搏很穩定，這代表著妳有一顆非常健康的心臟！」

賽拉菲瑪笑著說道：「我當然很健康啊！眞不知道你在說什麼？」

巴甫洛夫也笑著說：「妳要知道一個事實，如果心臟不好，那就做不成科學家的妻子了！」

「科學家的妻子？」賽拉菲瑪聽了臉都紅了。

巴甫洛夫深情地看著賽拉菲瑪：「對啊！科學家常把時間和精力都放在科學研究上，收入少，又沒時間好好照顧家裡，所以要做科學家的妻子，一定要有健康的身體，才能吃苦耐勞，不怕麻煩地料理瑣碎的家務。」

賽拉菲瑪一聽，馬上明白巴甫洛夫話中的意思，只見她羞怯地說：「你說得對，我相信我一定能成爲科學家的好妻子。」

就這樣，巴甫洛夫成功娶回了美嬌娘！

好幸福的一對戀人！對情人或夫妻來說，再也沒有什麼比「被了解」更重要的事了，不是嗎？

在生活周遭，我們常常看到許多戀人爲了小事爭執不下，並不約而同地指責對方「不了解自己」，事實上，戀人們可以從賽拉菲瑪身上學習到相處之道，那就是愛他就要多一點耐心去了解他。既然決定成爲他的另外一「半」，那麼就要多站在他的角度去思考，如此才能眞正地成爲對方的「另一伴」啊！

想擁有幸福愛情的人，不妨想想，當我們老是搞不定兩個人的相處模式，認不清對方的心思時，也許應該檢討一下自己，是否只懂得站在自己的角度看事情，或是只顧及自己的心情感受，一味地要求對方體貼自己，卻忽略了對方心中的感受？

答案若是肯定的，那麼不妨就從此刻開始，用心了解對方、耐心聽對方解釋，相信慢慢地，兩個人之間的爭執會逐漸減少，進而懂得給彼此更多的鼓勵，與一句溫暖的安慰話：「我明白！」

仔細考慮再說「我願意」

速食愛情雖然愛得轟烈，但一陣風來便可輕易吹熄；反之，決心相守的愛，無論狂風如何猛烈，都能讓火苗越吹越熾烈。

你眞的確定你愛他，而他也愛你嗎？你眞的確定，未來妳能忍受他的所有缺點，也願意接納他的一切不足？

也許多花點時間思考讓人覺得麻煩，甚至還要冒著錯過的危險，但與其一時衝動說「好」，倒不如多點考慮，冷靜且堅定地說出「我願意」。

因爲，前者多數隱藏著未來責怪「當初太衝動」的危機，後者至少是冷靜理性思考之後所做的決定，無論未來如何變化，心中比較不會產生後悔的情緒，多了一點冷靜面對與解決的勇氣。

一八六六年，對俄國作家杜思妥也夫斯基來說眞是個災難年，因爲他的妻子瑪麗亞與哥哥相繼病逝。與此同時，由於必須支付龐大的醫療費用，他也陷入沉重的債務壓力當中。

爲了償還債務，他不得不趕寫一本小說讓出版商出版，因此聘請了一位名叫安娜的年輕速記員協助工作。這個女孩非常聰明活潑，很快便深得他的喜愛。事實上，安娜非常崇拜杜思妥也夫斯基，也很喜歡這份工作，這讓她更加認眞工作，以免被老闆炒魷魚。只是，安娜的擔心完全是多餘的，因爲當書稿完成時，這位俄國大文豪也已悄悄愛上了她。

對於眼前這個年輕貌美的女孩，他不知道自己的年紀是否相配，更不知道安娜的心意，於是找機會試探她：「安娜，我又在構思一部小說。」

安娜一聽，笑著說：「那小說有趣嗎？」

「很有趣，不過小說的結尾還沒有想出來，因爲我對女主角的心不太明白，所以想向妳請教。」杜思妥也夫斯基說。

見安娜認眞地聽著，於是他繼續說道：「小說的主角是個藝術家，而且年紀不小了……」

安娜專心地聽著，慢慢地聽出這個故事與眼前的作家遭遇相似，忍不住地問：「你爲何要讓主角受這樣的折磨？」

「妳很同情他嗎？」杜思妥也夫斯基問安娜。

「是的，我非常同情他，因爲他有一顆充滿愛的心，雖然他遭遇不幸，但是他依然渴望愛情，並且熱切地期望得到幸福。」安娜頗有感受地說。

杜思妥也夫斯基說：「是啊，那個主角遇到的女孩十分溫柔，而且聰明善良，通達人情，我……我想著想著也喜歡上她了。」

安娜聽了有些愣住，這時杜思妥也夫斯基繼續說：「可是，我不知道要怎麼讓他們結合，因爲他們兩個人的性格與年齡差距十分懸殊，妳想那個年輕女孩會喜歡這個老藝術家嗎？不知道我這樣揣想女孩的心理是否正確？我……我想聽聽妳的意見。」

「如果他們兩個人情投意合，她爲什麼不能愛藝術家？難道只有相貌和財富才值得去愛嗎？只要她眞正愛他，她就是幸福的人，而且永遠不會後悔。」安娜激動地說。

「妳眞的認爲她會愛他嗎？而且，愛他一輩子？」杜思妥也夫斯基顫抖著聲音進一步問道。

安娜這時終於明白杜思妥也夫斯基想表達的，他其實是在告白。安娜有些激動，顫抖著聲音對他說：「如果我是女主角，我會告訴他：『我愛你，而且願意愛你一輩子。』」

多麼動人的一刻！杜思妥也夫斯基終與年輕女孩結爲夫妻，而他也在安娜的幫助下還清所有債務，並在後半生寫出許多不朽的作品，至於這段美麗故事，則一再地被後人傳頌著。

美麗的愛情故事之所以容易傳頌，原因不在於故事有多麼動人，而是因爲人人都渴望擁有如此美麗的愛情！

其實，類似故事中的情況在開放的現代社會早不再是問題，因爲男人女人越來越不受束縛設限，越來越勇於大膽示愛，可是卻也越來越不懂得愛的眞諦，反而像是在玩一場愛情遊戲。

看著杜思妥也夫斯基一再確認對方心意，也許讓旁觀者心急，但他其實在分享一個愛情道理：「若沒有想清楚這份情感，或還未真正確認彼此是否決心攜手走向未來，那麼我們得到的恐怕是一時興起的情感，如此一來，這段感情便暗藏危機，隨時都有可能出現問題。」

速食愛情雖然愛得轟烈，但一陣風來便可輕易吹熄；反之，眞誠相待，決心相守的愛，無論狂風如何猛烈，都能讓火苗越吹越熾烈，形成熊熊火焰燃燒一輩子，就像那些相守一輩子的老夫妻。

想像他們一樣白頭到老，就不要急著說「我願意」，想清楚這是不是你眞正在等待的人，然後再給答案，如此才能有一個無悔的幸福未來。

觀察要用心，感情才眞心

愛情的道理很簡單，對方是虛情假意，還是真心對待，往往有跡可尋，只要多用點心思觀察，總能看出端倪。

所謂的愛情墳墓，從來都是自己挖的，不能怪責別人，因爲每段戀情來臨時，我們都有充分的時間思考未來將會如何，只是多數人習慣放棄這個冷靜判斷的權利。

無論再怎麼渴望被人愛，也不要對方稍加示意就撲上前去，即使愛情難得，還是要保持理性思考，然後再決定愛或不愛。

畢竟，人心現實，難得美麗的眞心啊！

英國有位貴婦接連嫁了兩個丈夫，但他們都不幸因病去世。雖然她繼承了兩個老公的千萬遺產，可是一個人過活，總讓她感到非常寂寞。不久，有個叫查理斯的男人出現，終於讓她等到了幸福的滋味。他很快地向她求婚，她也決定嫁給他。

某一天下午，貴婦在幫他收拾書房時，意外地發現丈夫抽屜裡收藏了許多剪報，內容都與一個名叫馬可的罪犯有關。據報載，這名男子專門尋找有錢的婦女下手，他會和她們結婚，然後設法殺死她們，好將貴婦們的錢財據爲己有。這個兇手不是別人，正是貴婦再嫁的丈夫——查理斯！

貴婦看了差點暈倒，連忙站在窗邊看查理斯的動靜，這時她看見查理斯手中竟拿著鐵鍬，並朝著大門走來。

她想：「他今晚可能會對我下手！」

這時，貴婦有些著急，想逃跑卻又怕打草驚蛇，於是靈機一動，趁著還有些時間，連忙跑到屋後撥電話給她的好朋友傑克，請他幫忙報警。她掛斷電話之後，裝作若無其事地煮起咖啡，然後強作鎮定地將咖啡端給剛走上樓的丈夫。

查理斯喝了幾口咖啡便放下，只見他苦著臉問：「怎麼沒放糖？這麼苦！我不喝了。夫人，不如我們現在去地窖，把那兒整理一下吧！」

貴婦一聽，便猜著查理斯準備要殺她了，知道眼前是逃不了的，於是動了動腦筋：「親愛的，請等一下，請允許我向你懺悔一件事！」婦人決定編造一個故事拖延時間，好等待朋友傑克與警方的救援。

「懺悔什麼？」查理斯不解地問。

「唉，親愛的，我其實向你隱瞞了兩件事，你知道我結過兩次婚，也知道我兩任老公都已經死了吧？」婦人說。

「當然知道啊！」查理斯點了點頭。

「但實情沒有人知道。其實我第一次結婚時，便勸我那個有錢的丈夫買了份人壽保險，那時我正在一間醫院當護士。我假裝對他很好，好讓左鄰右居都認爲我是個好妻子。每天晚上，我都會爲他煮一杯咖啡，直到有一天晚上，我悄悄地在他的咖啡裡加了一種毒藥，他就此倒在椅子上，再也爬不起來了。當時，我對人們說他是暴病死去，所以我拿到了五千英鎊保險金，以及他全部的財產。至於第二任丈夫，是的，我再次親手煮了杯加了毒藥的咖啡，這次則得到八千英鎊的保險金，至於今天……親愛的，你是第三個……」貴婦微笑地指著查理斯的咖啡杯。

查理斯一聽，嚇得臉色慘白，只見他拼了命地用手指摳喉嚨，然後一邊大叫著：「咖啡！難怪今天的咖啡那麼苦，原來，是妳……天哪……」

他邊吼叫著，邊朝著婦人的方向撲過去，婦人緊急後退了一步，然後說：「是的，我在咖啡裡下了毒，現在，你身上的毒藥差不多要發作了，不過你喝得不多，所以還不會馬上死去！」

查理斯信以為眞，嚇得全身發抖，連站都站不穩，想移動腳步報復，但似乎眞的「中毒」了，雙腳根本不聽使喚，搖搖晃晃地跌坐在地上。這時，婦人的朋友傑克及時帶著員警趕到，這個殺人犯終於入獄！

十分有趣的故事，還好富婆機智過人化解了危機，不然這場要人命的桃花劫，最終不只讓她幸福未得，還得賠上性命。

只是，從這個富婆的身上，我們隱約也看到了許多女人的影子，因爲害怕一個人孤單寂寞，半瞇著眼隨便挑了個人來陪伴，卻常常挑到讓人傷心又傷財的錯誤對象。

誰都希望有段美麗愛情滋潤人生，也都渴望有個人來呵護保護自己，可是好聽的話易得，情人的眞心不易見，到底兩個人眞是爲愛聚首，還是心中各有盤算，必須自己睜大雙眼看清楚，才能少一點被欺騙與欺負。

愛情的道理很簡單，對方是虛情假意，還是眞心對待，往往有跡可尋，只要多用點心思觀察，總能看出端倪。不要愛得太匆匆，多用心相處、觀察，才能找到眞正的好情人。

Part 2

與其盲目追求，不如珍惜擁有

不想等到失去時才懊悔，
那麼，現在就請用心感受眼前所擁有的一切，
也細心體會身邊人事物默默給予的支持力量。

有小聰明，更要有大智慧

人生畫布可以自在揮灑，色彩也可以隨心調配，只要我們懂得放下盲目的貪慾，自然能繪出無價的生命作品。

不少人常自恃獨有的天分而傲視他人，也有不少人常依靠自己的天分行投機取巧之事，空有小聰明卻不知運用智慧，這樣的人與蠢蛋又有何異？

眞正的聰明人在運用自己的小聰明時，常常會比我們想像中還要小心翼翼，領悟力高的他們，甚至比我們更加重視務實的重要，即使知道怎麼一步登天，卻仍然堅持要一步一步地累積自己的成功與智慧。

這個故事是發生在英國南部的一個小鎮，一位六十歲左右的紳士正在雜貨店裡買香煙，笑著拿出五十元英鎊給店員，然後等著對方找零錢給他。

店員接過錢，然後開始算零錢給他，但這時紳士一不小心將香煙掉到地上。因爲剛下了一場雨，到店裡購物的人進出時帶進了不少雨水，這盒掉落的香煙因而沾了點雨水。

店員禮貌地拿起抹布幫忙擦拭雨水，然後再低頭算錢，就在這個時候他發現弄濕了的手上竟印了鈔票上的墨水痕跡！

店員十分驚訝，暫停了數錢的動作，然後想著：「我該怎麼辦？」他之所以這般猶豫，是因爲眼前這個客人是他的老鄰居，更是老顧客愛德華先生。他心裡想著：「不可能，愛德華先生怎麼可能給我假鈔呢！」

於是，他若無其事地如數把錢遞給愛德華先生，然後互道再會，老紳士便怡然自得地離開了。

後來，店員還是感到十分懷疑，於是把那張鈔票送到警察局鑑定。一名警察仔細看過後，認爲鈔票是眞的，不過，另一名警員卻對那些被擦掉的墨跡感到非常懷疑。

在好奇心與責任心驅使下，他們持搜查令來到愛德華先生的住處搜查，沒想到就在他的閣樓上，查到了一架專門僞造五十英鎊鈔票的機器，以及一張正在僞造的五十英鎊鈔票。

他們也在愛德華先生家發現四張風景畫。愛德華．華萊士其實是位傑出的藝術家，然而他卻沒有將自己的繪畫天分用來豐富人們的生活，卻用畫筆精心描繪了一張又一張假鈔。

事實上，店員手中的那張鈔票也是假的，多年來他已經騙過身邊每一個人相信他的人，但最後命運還是安排他去面對法律的制裁。

愛德華．華萊士被捕後，他的風景畫被全數充公拍賣，一共賣得了二萬八千多英鎊，平均每幅畫都超過七千英鎊。這個結果讓不少人搖頭嘆息：「同樣的時間，他寧可選擇畫一張五十英鎊的假鈔，卻不願好好畫一幅價值超過七千英鎊的風景畫，這到底是上天捉弄人，還是他太笨？」

不知足的偏差想法往往會讓人走錯方向，像愛德華一樣白白擁有非凡天分，卻走錯人生方向的人屢見不鮮，像是一些網路駭客，或是那些常把犯罪理由說是爲人爭取福利的人，冠冕堂皇理由一堆，表現出來的卻是危害社會大衆的傷人行爲。

人生道路上其實點滿了明燈，只要我們時時要求自己，在決定行動前再三審愼省思，自然會發現即將前進的道路究竟是明路還是歧路。

千萬不要誤用自己的聰明才智，生命的價値掌握在自己手中，人生畫布可以自在揮灑，色彩也可以隨心調配，只要我們懂得放下盲目的貪慾，自然能繪出無價的生命作品，爲自己爭取到能夠坦然擁抱的成功與財富。

與其盲目追求，不如珍惜擁有

不想等到失去時才懊悔，那麼，現在就請用心感受眼前所擁有的一切，也細心體會身邊人事物默默給予的支持力量。

詩人但丁曾經寫道：「塵世的稱頌只是一陣風，一時吹到東，一時吹到西，改變了方向就改變了名稱。」

確實如此，人生在世，爲了那些可有可無的名聲、地位、財富而執著，是很可笑的事。許多事情，該放下的時候就要放下，如此你便會發現，其實快樂就在自己的腳下。

人總是盲目地追求，不知道珍惜擁有，總是到了和最親近的人生離死別之時，才體會「放下」的重要，才知道「珍惜」就是最大的幸福。

還記得電視裡那些以「家」爲主題的廣告嗎？每次看見時，是不是常常觸動你的心？在那當下，「家」這個字對你造成多大的心理震撼？

我們都曾經受盡呵護疼愛，如今我們長大成人，甚至也有了下一代，接著也同樣要以同樣的眞心呵護疼愛，對待家庭中的每一個成員。

小崔驅車直奔海濱別墅，因爲他剛剛立了誓：「十天，我要在這十天內盡一切力量當個好丈夫、好父親！」

這個一向以工作爲重的男人，爲何忽然這樣積極回饋家人呢？

這得從那天說起，他在醫院陪太太看病時，正巧遇到一對可憐的夫妻，妻子已到了癌症末期，生命只剩下幾天。

小崔看著他們依依不捨的模樣，心裡十分感嘆：「唉，夫妻能在一起自是有緣，擁有時爲何不好好珍惜，總要等到生離死別時才恍然大悟呢？」

小崔這才省思到自己不也如此，忽然心裡直嚷著：「不，我要請個長假，好好陪家人才行！」

回家後，他立刻打電話向公司請了一個長假，小崔對朋友說：「我不得不承認我是個自私的人，長期以來，我對妻子十分不體貼，常爲了一點瑣碎的事就和她爭吵，回到家也只顧著當大老爺，從來都沒有好好聆聽孩子們的心聲，所以我要在這十天內好好補償自己的過失。」

一個轉念，讓小崔從此和家人的互動變得更加親密。這天小崔回到家看見妻子，便一步上前吻了她，還說：「老婆，妳今天穿的衣服眞好看！」

「眞的嗎？你也這麼覺得？」妻子開心地追問著，雖然她有些困惑，但這個親切又熱情的動作讓她想起了老公當年追求她的甜蜜。

假期終於到來，小崔開著車到前往目的地。來到海邊，小崔陪太太沿著海灘漫步談心，孩子們則在沙灘上玩耍。

小崔忽然對著老婆說：「還記得那年我們第一次到這兒玩的事嗎？」

妻子點了點頭，她當然不會忘記，那是她和小崔的第一次約會，當時他們還很年輕，海灘上曾印下他們奔跑的足跡。

但現在他們已不再年輕，也不好意思像孩子般奔跑追逐，只是靜靜地坐在這兒看著孩子們奔跑嬉鬧。

十天很快地過去，這些天小崔一通電話也沒有撥回公司，因爲他連一秒也不願被別人佔去。

假期輕鬆而愉快地一晃而過，就在假期即將結束的前一天，小崔又有感而發地對著老婆說：「親愛的，從今天起我不會再像過去那樣了，我會永遠以你們爲第一優先！」

說完，妻子忽然接到一通電話，那是小崔公司同事來電，說公司出了一點狀況，要請小崔趕快回去處理。妻子告訴他，但小崔卻說：「有什麼事情比陪伴心愛的妻子更重要呢？」

妻子聽了雖然非常感動，但心中卻有些困惑，因爲她覺得老公這些天的表現確實十分異常，仔細想了想，忽然滿臉驚恐地看著老公。

小崔見狀擔心地問道：「妳怎麼了？」

女人焦急地問：「你是不是隱瞞了什麼事情？我，我不想離開你呀！我要和你廝守一生，我…你…我不想離開你啊！」

小崔一聽，笑著問：「妳想到哪裡去了？」

「這……你不是曾陪我去做身體檢查嗎？醫生是不是對你說了什麼？是關於我的病情嗎？我是不是快要死了？就像我們遇到的那對夫妻一樣？是不是？」妻子著急地追問。

小崔準備回答時，妻子連忙又說：「沒關係，能夠嫁給你，我眞的已經心滿意足了，臨死前還能夠和你共渡這麼一個快樂的假期，我死而無憾了！希望以後沒了我，你和孩子們能過得很快樂。」

小崔一聽，大笑著說：「親愛的，沒有人要死啦，是我才剛活起來，無論如何，我要和妳像年輕時一樣快樂地生活！」

看著小崔從別人的生死互動中猛然醒悟，你是否也驚覺自己平常太不懂得珍惜己擁有的？

不想等到失去時才懊悔，那麼，現在就請用心感受眼前所擁有的一切，也細心體會身邊人事物默默給予的支持力量。

沒有人是孤軍奮戰的，因爲許多人給予的心靈支持一直都在你我的心中，只是總被我們忽略。

用心想想就會發現，每當我們感到無助時，心中是不是總會出現某些人，然後就會感到滿心溫暖並且力量再現？那些出現在你腦海中的身影，是不是有許多家人的背影？

多數人都相信家庭的力量，那不只是孕育未來人才的好環境，更是幫助人們走出困境的最佳地方，所以無論我們離家多麼遙遠，也別忘了時時回顧家裡的所有人事物。

因爲，總有一天你會知道，當我們面對困難疾苦，最需要關懷幫助的時候，唯一會給你最大支持力量的，正是你的「家」！

有實力，就有成功的契機

只要你有本事，不管在哪一個地方都會發光發亮，暫時先別煩惱有無機會，先問一問自己有沒有能力。

多數社會新鮮人開始求職後，最常質疑的不是自己的能力是否充實，而是機會的有無與別人的錯誤。但是，換個角度想，面對同樣的考驗時，爲何面試官選擇的是別人而不是你？

先別埋怨懷疑，遇到挫折時，我們應當做的不是抱怨主管不公，而是應當檢討自己是否眞有不足之處。甚至還有另一種可能，那就是你的實力早就超出現處的發揮空間，機會正催促你再去尋找更適合發揮長才的新天地！

一八八八年，美國銀行家莫爾坐上副總統之位，在他執政期間聲譽十分卓越，是人們相當敬仰的領導者。

當時，有個農業部的秘書威爾遜聽說副總統曾經是個批發布匹的商人，十分好奇莫爾如何從一個小商人變成爲副總統，人生成就爲何能有如此發展，於是仔細研究了莫爾的成長經歷。

威爾遜收集了不少資料，仔細地研究莫爾的一生，最後發現，莫爾是在經營生意情況最好的時候，突然宣布放棄生意，然後轉進金融業界，後來還以此爲階梯，一步步走向政壇。

「只是，事業如日中天的莫爾，爲什麼要放棄這麼好的機會呢？」

威爾遜滿腦困惑，這也促使他決定親自向莫爾本人請教。

莫爾笑著說：「是的，當時的布匹生意非常成功。可是，有一天我閱讀一位文學家的書，書中有一段話深深地打動了我的心，那段話是這麼寫的：『一個人如果擁有一種人家需要的才能和特長，那麼不管他處在什麼樣的環境中，或是什麼樣的角落裡，終有一天會被人發現的！』」

莫爾說到這兒，看了看威爾遜，然後又說：「是不是很讓人心動呢？冥冥中，我總覺得自己應該要走向更寬廣的發展空間，那時我想到的便是金融業界，因為當時金融業正興起，於是我不顧周圍人們的反對，毅然放棄布匹生意，轉身投入銀行事業。我就以自己穩當可靠的條件，積極尋找合作伙伴，並以誠意和投資者談判合作，最後他們一個個都點頭答應了。」

「眞不簡單！」威爾遜感佩地說。

「有一點冒險，不過我藉著一點運氣和絕對的勇氣積極前進，成功自然會向我招手，就像那位作家說的，只要你有本事，不管在哪一個地方都會發光發亮！」莫爾笑著對威爾遜說。

讓我們再聽一次莫爾引述的成功重點：「一個人如果擁有一種才能和特長，

那麼不管他處在什麼樣的環境中，或是什麼樣的角落裡，終有一天會被人發現！」

是的，還在尋找機會或是不知所措的人，只要用心咀嚼、消化這段話，想要的機會一定就在其中！

因爲對自己的才能深具信心，也因爲對自己的實力充滿肯定，所以無論怎麼轉換跑道，成功者都能堅定地告訴自己：「我一定會成功！」

堅定的方向是莫爾成功的第一步，對專業才能的自信是他面對挑戰無所畏懼的原因，這也是他走向成功的第二步。一旦在目標明確的道路上跨出這兩個步伐，成功對他來說已經不遠。

你是否也能像莫爾一樣，懷著這樣堅強的自信心和企圖心呢？

一如莫爾解說的，只要你有本事，不管在哪一個地方都會發光發亮。暫時先別煩惱有無機會，先問一問自己有沒有能力，只要答案是肯定的，那麼眼前你只需要繼續埋頭累積專業實力。實力充足之後，人生舞台上的聚光燈總會照射在你身上，讓周圍的人都看見你的魅力和自信風采。

心胸寬厚就是富有

常保一顆真誠的心，無論什麼樣的困境總會走過，因為心中的誠懇執著一定會引領我們尋找出路，走出眼前的困境。

法國作家福樓拜在《包法利夫人》裡曾經寫過一段深刻的話：「人生的路程充滿困厄和失望，能夠把自己的思想寄託於高貴的性格、純潔的感情和寬厚的心胸，才會是幸福的人。」

心胸寬厚，才能時時放開胸懷；心懷仁善，才能樂觀面對生活逆境。

心寬便不會鑽牛角尖，心善見任何事物無不美麗，只要不揪著心看生活，能時時轉念，自然能放下不必要的偏執，時時懷抱夢想世界。

哈維拉出生在一個貧困家庭中，父親是裝卸工人，母親是個洗衣婦。哈維拉一家人雖然生活困苦，但卻個個都有著非常善良的心。不論生活情況如何，只有要有比他們更貧苦的人敲門乞討，哈維拉的母親都願意傾囊相助。

有一天，有個老婦人向哈維拉的母親乞討，她將身上僅有的錢全部送給了這個老人。當時，已餓得受不了的哈維拉對於母親的舉動甚是不解，然而母親卻說：「孩子，我們只是少吃一頓而已，但你知道嗎？那個可憐女人如果再要不到錢，可能會在饑寒交迫中死去。哈維拉，你一定要記住，要有寬大而眞誠的愛，因爲它會讓你擁有一切。」

就在母親的教育下，哈維拉成了一個極有善心的年輕人，也靠著單純善良的心吸引了一位退役陸軍上校的美麗女兒，名字叫哈坎·默頓。

可是，兩個人的戀情卻不被女孩的父親認同，原因便是哈維拉的貧窮背景。但愛意堅定的兩個人最後還是說服了上校有條件同意：「當你賺到一萬英鎊時，再來和我談吧！」

一萬英鎊對哈維拉來說根本是個天文數字，於是他苦悶地到好友畫家桑德那兒求助。

當時，桑德正在畫一幅和眞人等大的畫像，模特兒是個老乞丐，只見他滿臉皺紋，弓著的背上穿的是件破舊不堪的衣服。看著這老人家，哈維拉忍不住說：「唉，眞可憐！」

畫像完成時，桑德拿出十便士給這個老人，哈維拉一看有些不悅，怪他太吝嗇，給得太少了。

這時，有人進來告訴桑德外邊有人找他，桑德便走了出去。這時，那老乞丐趁這個機會坐在身後的一個凳子上，但臉上則依然充滿著孤獨憂傷的神情。

這個神情讓哈維拉同情心大發，掏出口袋裡僅有的一鎊金幣，毫不猶豫地把錢塞往老人手中，然後便離開了。

但哈維拉卻不知道，眼前這個老人家其實一點也不貧窮，事實上他是當時歐洲最富有的人之一，名叫豪斯伯格男爵。桑德之所以給老人十便士，是因爲老人家想試試被施捨的感受。

至於豪斯伯格男爵打扮成乞丐，只是單純地想知道：「如果我是個乞丐，不知道會是什麼情形……」，所以，那天他才會以乞丐的裝扮出現在桑德的畫室裡請他作畫。

哈維拉聽說這件事時，感到吃驚不已，一時之間難以置信，想起自己施捨的舉動，只覺自己實在很可笑：「我眞是有眼不識泰山，男爵一定覺得我是個大傻瓜吧！」

這件事過後的某天早晨，哈維拉正在吃早餐的時候，收到豪斯伯格男爵差人送來的一封信，信上寫著：「給哈維拉先生和哈坎．默頓小姐的結婚禮物，一名老乞丐敬上。」

是的，信封裡裝著一張一萬英鎊的支票，信使還對哈維拉說：「男爵知道你們的事，他認爲你們兩個的故事十分美麗，因此他決定把你送給他的那一鎊金幣當作一筆寶貴的投資，而且每半年都要支付給你一次利息！」

心胸寬厚就是富有，即使遭遇困頓也不忘幫助更需要幫助的人，故事中的哈維接無疑便是這樣充滿善心的人。

一份善念得到感恩與回饋，這是許多不經意付出的人們時常遇見的好事。當然，這並不代表付出就一定會有收穫，也不能爲了得到回饋才做好事，起心動念若存有其他企圖，期待越高往往越容易落空。

常保一顆眞誠的心，無論什麼樣的困境總會走過，因爲心中的誠懇執著一定會引領我們尋找出路，走出眼前的困境。

勇敢前進就不會身陷困境

少了繼續前進的企圖心，少了全力拚搏的決心，就會困在原地，遲遲無法跨越眼前的難關。

面臨艱困難關，不必苦惱哭泣，因爲困境並非絕境，一時誤入陷阱，不代表從此就要長困其中，只要能先讓情緒穩定，冷靜面對不再心亂慌張，自然會找到出口方向。

在緊急關頭，只要提醒自己比平日多一點勇氣，外加一些堅決突破的自信，再怎麼崎嶇的道路也能穩步走過。

瑪麗．居禮因爲發現鐳，並在放射學方面爲世界做出了巨大貢獻，成爲一位享譽全球的科學家。

當然，成功絕非偶然，這從居禮夫人身上最能得到佐證，她的成功與刻苦學習的精神密不可分。

生活上，她經常因爲太過投入於研究、學習而廢寢忘食，即使參加朋友聚會，也經常想著方才做的實驗而出神，根本忘了自己所處的場合。

她最常說的話就是：「我寧可把學習烹調的時間用在閱讀，或待在實驗室裡做實驗。」因爲這些堅持，她全神專注於鍾情的科學世界裡。

瑪麗．居禮的生活過得十分清苦，飲食極其簡單，一方面因爲沒錢買東西吃，另一方面也不想花時間烹飪，所以常常一連好幾個星期喝茶配麵包，偶爾出門才會在經過一些商店時順道買幾顆雞蛋或水果。

當然，這樣生活方式肯定會營養不良，她的健康很快出了狀況。有一天，她在同學們的面前暈倒了，他們連忙找來她的醫生姐夫處理，當他趕到她的住處時，看見一臉蒼白的她居然在讀書。

姐夫檢查了瑪麗的身體後，又看了看屋裡的情況，忍不住問：「瑪麗，妳一定要老實告訴我，今天妳吃了些什麼？」

「今天？我不知道……好像，我剛吃了午飯……而且吃得很飽……」瑪麗支支吾吾地說，因爲她怕被姐夫罵。

「是嗎？那妳告訴我，妳到底吃了些什麼，哪有什麼東西消化得這麼快呢？」姐夫懷疑地說。

「不就是一些櫻桃，還有……各種東西……」瑪麗還是說不出來。

姐夫眼看她不肯說，只得厲聲追問，瑪麗這才說實話，原來從前天晚上起，她只吃了一顆蘋果和半磅櫻桃，然後小睡片刻便又起來讀書。

「妳這樣怎麼行？」姐夫心疼地責備了她一頓，便把她帶回家裡照料。經過幾個星期調養，她才慢慢恢復該有的健康。

這是居禮夫人年輕時勤奮苦讀的情況，即使後來到了巴黎求學，她仍以非比尋常的毅力過著清寒的生活。

她克服了一般人難以想像的困難，相對的，對於科學知識無止境的追求，也是人人熟知並深刻感動的。

爲了科學，她忘記物質上的困窘，爲實現夢想，她放棄一般女孩追求的享樂生活，對自我要求很高的她，時時刻刻都鞭策著自己：「在科學的道路上，我只有勇往直前。」

成功絕對需要付出努力，看到居禮夫人廢寢忘食且全心投入的專注，你是否發現了自己遲遲無法突破的問題所在？

爲物質生活所困，少了繼續前進的企圖心，少了全力拚搏的決心，就會困在原地，遲遲無法跨越眼前的難關。

當然，我們無須像居禮夫人那樣糟蹋自己的身體，但至少要能學習她的專注努力。能做到這種程度，社會上便不會有那麼多受困難關而放棄自己的人。

因爲堅持「勇往直前」，讓居禮夫人爲科學寫下歷史新頁，在拋開物質享受的同時，居禮夫人也爲自己的人生找到了與衆不同的價値定位。執著於名牌加持的人們，此刻是否感覺到自己對人生品味的膚淺與無知？

重溫居禮夫人的驚人毅力與決心，我們就會發現生活的新方向，一如居禮夫人在故事中想告訴我們的旨意：「沒有人會永遠困於某處，只要你能捨棄一些物質享受，勇敢面對自己的目標，決心跨越眼前的障礙，必能走過眼前的難關！」

機運不是天降而是自己開創

機會其實每個人都能擁有，只要培養敏銳的觀察力和膽識，自然就能走進機會叢林，伸手摘下甜美果實快樂品嚐。

等到一個機會或許不難，但與其苦苦等候，不如靠自己製造，因爲一味等待，不見得就能等到好機會。

我們常說的天賜良機，往往也是由我們自己創造出來的。

看看那些成功者的事蹟，再看看那些走出困境的人，雖然他們不停地感謝天感謝地，但最後都不會遺漏這一句：「人總是要想辦法創造機會，才能有日後的成就！」

在一個小鄉村裡，有一個年輕人以石頭起家。據說，有一年他的伙伴想要把大石塊砸成石子，賣給附近建築房屋的人，當他看到這些奇形怪狀的石頭時，居然向友人說：「等等，你把那些石頭給我，我另有用途。」

年輕人竟然將石塊運到碼頭，向來來往往的商人們兜售，沒想到還眞有不少人被這些形狀多樣的石頭吸引，就這樣，年輕人憑藉一個轉念發想，靠著這些怪石頭賺進大把鈔票。

三年後，年輕人成了村子裡最富有的人，同時當地官方也下令不許再開挖山地找石頭，山坡地必須廣種樹木。

這個突如其來的行政命令，讓年輕人不得不重新思考自己的方向，於是決定：「不如種桃樹吧！」

因爲氣候的關係，他的桃子一顆比一顆鮮嫩多汁，香甜無比，每到秋天，漫山遍野的桃子十分誘人。水果商人紛紛前來洽購，一車又一車的美麗紅桃就這麼銷往各地，甚至還有外商前來訂購。

年輕人的成功經驗帶動了當地人們群起效尤，他們一個個也在自家的樹林裡種起了桃樹，處處都可聞到桃果香。

但振興地方經濟有功的年輕人，這會兒卻賣掉了所有桃樹，接著種起了柳樹。因爲，他發現來這裡買桃子的人們，不乏挑不到美味果子，卻偏偏找不到可以盛裝的筐籃，而編筐的最佳素材便是柳枝。

就這樣，年輕人再度創造了商場傳奇，也始終都是村裡最富有的人。不久，有條經過他們村落的鐵道開通，這條鐵路貫穿全國南北，這裡也成了這條鐵道上最出名的觀光景點。

村裡更加活絡熱鬧了，村民們也開始研發桃子的加工產品，好讓觀光客更容易帶走這裡的特產。那個年輕人這會兒腦筋又開始動了起來，竟然在鐵道邊砌了一道牆。

這是要幹什麼呢？

原來，這道牆面朝鐵路，兩旁有一望無際的萬畝桃園，人們乘著火車行經這裡時，除了會看見盛開的桃花，還會看見那牆面上的醒目廣告，這年輕人便靠著這面廣告牆，每年又多賺進了大把鈔票。

你常覺得「機會」就像天上的月亮一樣難摘？還是覺得「機會」其實和樹上的果實一樣易採？

從怪石開始，年輕人的思考便表現出與眾不同之處，就算遇到禁採石頭的危機，他也並未苦困其中，而是冷靜應對變化，順利發展出新興行業。

當人們又一窩蜂跟風時，他也轉念發現新的商機，無論是柳樹，還是鐵道邊的看板，只要他靈機一動，便能創造出新的商機。

看著故事中年輕人的靈活變通，也看著他敏捷地把握不同機會，想必讓不少人欣羨不已。其實，這樣的機會每個人都能擁有，只要培養敏銳的觀察力和膽識，自然就能走進機會叢林，伸手摘下甜美果實快樂品嚐。

不投機取巧，人生才會充實富足

縱然已經累積了無數努力步伐與非凡經歷，最後仍需要應用智慧去蕪存菁，才能得出最精采的人生畫面。

別再想著一步登天，而要認眞苦學，老師傅們經常這麼說：「功夫學成之後，人們便再也搶不走你的眞材實學！」

聽見老師傅這番話，你是否正點頭認同，那麼接下來，就該下定決心，耐心地一步一步地累積你的未來。

洛陽附近住著一個六十多歲的老員外，坐擁金山銀山的他心裡其實擱著一件憾事，那就是拜會天下的智者。但是，他的體力已經大不如前，所以尋訪賢人的願望一直無法達成。

爲此，老員外天天發愁，終於做了一個決定，要管家帶著十名僕人到全國各地張貼告示：「請天下最有智慧的人到本莊園做客。」

老員外的行爲不久之後傳到宮中，大臣們不知道這位員外要搞什麼名堂，有人甚至猜想：「太平盛世，居然有人明目張膽地招賢納士，該不會想謀反吧？」於是，朝廷派了一名密探到員外家了解情況。

這些告示果然有效，貼出後半個月，各地奇人異士、知名學者紛紛來到員外家，一時間莊園內貴客盈門，好不熱鬧。

直到年底，員外從衆多客人中篩選出十六位最符合他心中理想的智者，並請他們繼續留在家中，至於其他客人，則吩咐僕人大擺酒菜，餐後大方賜送銀兩打發他們離開。

事後，老員外對那十六位智者說：「懇請您們挪出一年時間，幫我編製一本智慧語錄，好讓我留給我的後世子孫。」

「原來是要編書啊！好，沒問題。」其中一位智者答應之後，其他智者也同聲允諾。

一年之後，他們洋洋灑灑完成了八大卷智慧語錄，但是老員外看完後卻表示：「辛苦你們了，我知道這些都是你們辛苦匯集累積的人生智慧，不過，這些實在太多了，我很擔心我的子孫們沒耐心讀完它，能不能勞煩你們稍微濃縮一下。」

智者們爽快地答應了，於是又用了一個月的時間，將八大卷文字刪減爲一卷。員外看完後，雖然很激動地表示感謝，但卻又這麼說：「還是多了些，再縮減一些吧！」

所謂吃人嘴軟，這十六位智者只得想盡辦法試著繼續刪，但蘿蔔青菜各有所愛，十六個人爲了哪句該刪、哪句該留經常爭得面紅耳赤。就這樣，慢慢地，一卷文字最後縮成了一章，接著又刪成了一節，一節之後只剩一段，直到只剩一句話。

老員外一看到這句話，幾乎可以用歡天喜地來形容，只差點沒叫管家放鞭炮慶祝，因爲實在是所有智慧中的菁華呀！

老員外要管家準備最豐盛的筵席招待這十六位智者，酬謝他們這段時間的辛勞，就在宴會即將結束前，員外對著這十六位智者說：「非常感謝你們，你們想出來的那句話，可說是古今難得的最高智慧！」

這會兒宮廷密探也聽說了這件事，於是深夜潛入員外的房間，偷走裝著「智慧」的寶匣，當皇帝打開寶匣一看，不禁微微地笑了。因爲，寶匣內只有一張裱得非常精緻的紙，上邊龍飛鳳舞地寫著這麼一行字：「天下沒有白吃的午餐。」

如此曲折的故事發展，想必讓不少人感覺誇張可笑，但仔細想想，你我的人生不也像這段尋找智慧的過程一般？

第一步尋才便困難重重，爾後就算機會已經握在手中，故事仍然還無法順利結束，這就好像人生流程一般，縱然已經累積了無數努力步伐與非凡經歷，最後仍需要應用智慧去蕪存菁，才能得出最精采的人生畫面，交予後人作爲警惕與學習的借鏡。

「天下沒有白吃的午餐」這行字，對辛苦起家的老員外自然感觸深刻，在這個人人都求富裕生活與成功人生的時候，老員外藉著這行字告訴後代子孫：「不取巧，我們才有機會擁抱成功；不投機，人生才會充實與富足。」

明白了這個道理，那麼就從現在開始耐心累積生活的每一步，如果必須練習千遍才能寫出漂亮的字，那就立刻開始著手練習吧！

別讓嫉妒心蒙蔽自己的理智

孤軍奮戰的成功機會不多，因人和而贏得勝利者眾，與其較量欣羨，不如握手協調合作。

人才難得，怎能因爲一個忽然萌生的嫉妒念頭而失人心？

成功絕不是單靠一個人的力量就能達成，其中必有不少外在人事物的配合幫助。所以，想成功就必須得貴人協助；想得到眞正的貴人，便得要有容人之大肚，別讓妒忌心切斷你的人脈。

若想得到更多貴人幫助，便更要用心珍惜身邊的能者。很多時候，只需要一個的敬重心思，他們便會一心向你，如此一來便能夠得到人和。

曹操下令建造一座花園，建成後親臨察看，卻沒有做出任何評論，只是在門上寫了一個「活」字，然後就離開了。

工匠們看著這個字百思不解，這時楊修經過，看了這般景象便對工匠們說：「門內加了活字，不就是闊嗎？丞相是嫌這門太闊啊！」

工匠一聽連連點頭，馬上進行修改，然後再請曹操前來觀看。只見曹操滿意地點了點頭，接著問：「這答案是誰解開的？」

工匠回答：「是楊修大人。」

曹操表面上雖然只是平靜地點了點頭，但心裡卻有些不高興，畢竟自視甚高的曹操雖然愛才，卻也忌才。

又有一次，曹操命人將一盒酥餅擺放在前廳桌上，並在盒蓋上寫了「一合酥」三個字。楊修看見時，竟把那一盒酥餅分與衆人一塊吃光了。

曹操問起他這件事時，楊修回答說：「丞相在盒上明白寫著『一人一口酥』，我們不敢違逆丞相之命呀！」

聽到楊修再次準確地料中心意，曹操心裡越發不是滋味。

又有一次，劉備出兵定軍山時，將領黃忠把曹操的一員大將夏侯淵殺了，曹操大怒，急欲領兵回到漢中與劉備對壘，事後卻心中猶豫。

這一天，曹操喝著雞湯，卻見碗中有塊雞肋，頓時感懷不已，忍不住叨唸著：「雞肋啊，雞肋……」

楊修一聽，便要手下軍士整裝待歸，大將夏侯惇得知連忙問他原因，楊修答道：「雞肋者，食之無味，棄之可惜，猶如我們現在進不能勝，退了又恐怕世人恥笑，但苦守在這兒終究無益，不如早日歸去。據我猜想，丞相不久之後定會班師回朝，所以先行收拾行裝，免得臨行慌亂。」

夏侯惇聽了這番分析心中十分信服，也回去收拾東西準備回家。不久，軍中上下人人都知道就要撤退了，紛紛整理行裝。曹操知道後卻大爲吃驚，後來有人告訴他：「是楊修說的，他說您不久後定會返朝。」

曹操勃然大怒，立即以擾亂軍心爲由判楊修斬立決。就在楊修死後不久，曹軍果然搬師回朝了。

楊修的遭遇，不少人用來警惕不能太過張揚自己的才能，但是我們該完全指責楊修不懂明哲保身嗎？

不少領導者以伯樂自居，好用才智之士，卻又肚量狹小，始終容不下才人，總是擔心屬下的風采超越自己，矛盾心思真非常人能解。

楊修大展才智並無太大過錯，錯在曹操不能好好珍惜人才，誠懇對待。世上沒有完人，楊修展現才能無非是想替人解圍，曹操能得如此深明君心的伙伴，原是千載難逢的美事，但最後卻藉故將他殺了。

閱讀歷史，除了學習如何自保，還要能活用智慧反思，我們都有機會遇上充滿智慧的能人，遇見了，千萬別讓嫉妒心蒙蔽理智，而是要有容人的雅量。孤軍奮戰的成功機會不多，因人和而贏得勝利者眾。與其較量欣羨，不如握手協調合作；與其各據山頭，孤芳自賞，不如攜手並進，歡樂共享。

因爲誠信，所以能得人心

在人際交流的社會戰場上，老是想用巧智、蠻力征服他人，不如學學如何用誠信贏得人心！

我們在社會上經常會遇到爲一己之私而四處欺瞞他人的人，只是，他們能騙到的人是有限的，事跡一旦敗露，人們熟知他們的欺騙伎倆後，想再重新開始，恐怕比登天還要難。

人的價值貴在一個「誠」字，唯有誠懇誠實地待人處事，才能眞正擁有忠誠的朋友。

別急著問別人是否眞誠地對待自己，先問一問自己，待人是否眞的誠信無欺。

晉文公重耳即位之後，不少諸侯不願臣服於他，不斷挑釁，也不時製造事端，讓晉文公疲於平息動亂。為了早日完成霸業，他最後決定討伐原國。

開戰前，晉文公親自部署作戰策略，還與士兵約定：「我們的兵力勝於原國，必須速戰速決，以七天為期，迅速降服原國。」

然而，結果卻出乎他們的意料之外，原國的將士在強大的晉國面前，居然英勇頑強，沉著應戰，雖然傷亡慘重、補給困難，但卻有著拚死決戰的氣勢和勇氣，看來重耳是小看對手了。

七天限期已到，原國仍然十分頑強，晉文公為了遵守諾言，堅定地下令撤離。然而，將士們眼看原國已幾近絕路，紛紛向晉文公進諫：「主公，請再堅持一下，只要再過三天，敵軍就會完全崩潰，必定會投降臣服的。」

對手確實已經陷入絕境，將士們的建言並沒有錯，但晉文公仍然堅持退兵：「萬萬不可，身為君主，一定要言而有信，遵守諾言是國家昌盛的要件之一，也是軍隊能眞正立於不敗之地的基礎，我們怎能爲了攻陷對手而放棄如此貴重的東西呢？」

在晉文公堅持下，晉軍眞的撤退了，也讓晉文公因「遵守諾言」留下了好名聲，傳送到鄰近各國。

第二年，晉文公再次發兵攻打原國，這一次他與士兵約定並向外宣布：「這一次，我們必將堅持到底，直到徹底征服原國後才會罷休。」

諸侯們聽到這個公告，一個個都知道晉文公的性格與堅持毅力，相信他不達目的絕不會罷休，因而戰事還未開始，諸侯們便紛紛舉白旗投降，連遲遲不肯臣服的衛國，最後也歸順了。

以退爲進的謀略果然非一般人所能思及，晉文公以「誠信」爲宗旨，並藉此機會告訴天下人，他將會以「誠信」治國，面對困厄，無論環境多麼不利於己，他都會堅持信守心中的信念與承諾，這點堅持確實讓人心生敬佩。在那個戰事頻仍的時代，這一點誠實無欺的堅持信守，更是難得可貴。

單就事件本身來評論，晉文公其實早在堅持退兵的那一刻起，便贏得不少人心和士氣，試想，能跟隨如此堅定誠信的君主，任誰都願以相同的誠心付出，不是嗎？

在那兵戎相見的年代，多數戰略只求一個「贏」字，根本不管戰略有多狡詐殘暴，這也是表現仁厚的晉文公能夠成功勝出的原因之一。

同樣的道理，在人際交流的社會戰場上，老是想用巧智蠻力征服他人，不如學學如何用誠信贏得人心！讓多數人無法拒絕的常常是以心交心的情誼，唯有誠信與仁厚之人，才能真正守住人際地位與人生價值。

Part 3

面對錯誤，生活就能重新開始

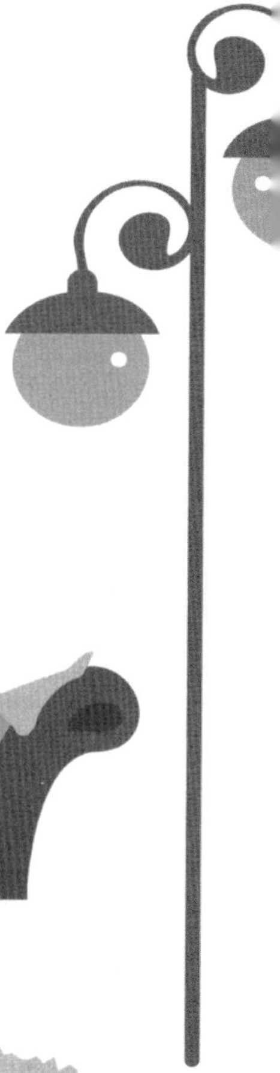

因為一念之差，有人往墮落的生活沈溺，
也因為一念之差，
有人從懸崖邊緣緊急拉回自己。

用同理心表達自己的關懷貼心

與他人互動時，是否能多一分細心觀察，也多一分體貼關愛？許多看似不經意的小動作，其實經常帶給人們莫大的助力。

遇到需要幫助的人時，你通常會怎麼表示？

是滿臉不屑的神情，還是以懷疑的眼神望著對方？抑或是，一向都抱著相信的態度大方伸援？

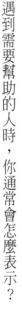

不管哪一種態度，其實都沒有錯。人性的良善與險惡，沒有人能準確料定，但只要快樂助人，其他就不必多想。

試想，若能因爲自己的一個小動作而救回一顆偏差的心，不是會讓自己無比快樂嗎？

羅依小時候家境十分窮困，爲了賺學費，每天都要挨家挨戶推銷商品。

有一回，羅依因爲工作的關係一整天都沒有吃東西，但飢餓的他摸遍了全身上下，卻只找到一角，這一角怎麼能填得飽他的肚子？

不得已的情況下，羅依只得朝著一戶人家討飯吃。羅依敲了敲門，出來的是一位非常漂亮的女孩。當羅依看到這位美麗女子時，有些慌了，原本想討飯吃的他，爲了維持僅存的一點尊嚴而改口：「對不起，因爲買不到水，想向您要口水喝。」

這女孩看著衣著殘破的羅依，十分聰慧地猜著羅依的需要，結果她拿了一大杯牛奶出來：「開水剛喝完，不過有牛奶，你要不要？」

羅依沒想到女孩拿出來的竟是牛奶，只見他點了點頭說：「好吧！那我應該要付妳錢才對，請問這杯牛奶要多少錢？」

女孩笑著說：「不用了，是因爲沒水所以才給你牛奶的，而且母親從小便教導我，助人不可求人回報。」

羅依說：「好，那麼請接受我由衷的感謝。」

說完，羅依便匆匆離開。

重回工作崗位上，羅依這會兒忽然覺得渾身充滿了力量。他抬起頭望著天，居然看見了一朵像上帝面容的白雲正朝著他微笑，羅依朝著它點了點頭，也做了一項人生的決定。

本想休學的他決定要努力向上，繼續求學。

數年後，他成了一位名醫，而且極爲巧合的是，他與那位曾經幫助過他的女孩在醫院裡又重遇了。

女孩得了一種罕見的疾病，來到他服務的醫院診治，而他正巧被安排加入這個醫療團隊。當羅依來到女孩病床前時，仔細地看了她的資料，這才發現：「竟然是她！」

就是那個善心女孩，如今她雖亭亭玉立，但卻面臨生死關頭，雖然她的求生意志十分堅強，但這個絕症讓不少醫生都束手無策，直到遇到羅依。因爲羅依對自己說：「我一定要竭盡所能治好我的恩人！」

從那天起，他親自關照這個病人，經過一番努力之後，終於手術成功，但在此同時，繼之而來的巨額醫療費用，是女孩即將面對的困難。就在這個時候，羅依毅然在醫藥費帳單上面簽下自己的名字。

當帳單送到病人手中時，女孩非常驚訝，這個世界上竟然有如此仁心仁術的醫生。她準備翻開單子細看內容，卻看見第一頁上方寫了一行小字「醫藥費：一杯牛奶」。

因爲女孩的一個體貼舉動，重燃了羅依對生活的希望。仔細想想，你我不也時時渴望著人們的一點體貼與關愛？

人同此心，當我們與他人互動時，是否能多一分細心觀察，也多一分體貼關愛？

一杯牛奶看似沒什麼，但是生活中不少事正如同這一杯平凡奶香，看起來微不足道，實則充滿著微妙功效，許多看似不經意的小動作，其實經常帶給人們莫大的助力。

得到了尊重與關愛的羅依，重新發現生命的重點，因爲女孩的幫助，讓他明白助人的快樂與充實感，爲了幫助更多的人，他要讓自己能力更強。翻閱生活中的檔案，多少人不是和羅依一樣，因爲受人幫助而決心累積能力，好回饋幫助更多的人？

人性再黑暗，仍然有美麗的角落，只要我們願意開發，願意多付出一點心力挖掘，不必佛曰神說，夢想的美麗世界自會在不知不覺中成功築成。

面對錯誤，生活就能重新開始

因為一念之差，有人往墮落的生活沈溺，也因為一念之差，有人從懸崖邊緣緊急拉回自己。

不怕命運捉弄，就怕我們拚命圍繞著厄運、難題鑽牛角尖，不願放寬心重新思考，幫助自己解套。

生活中，時時有著大小難題，也經常會有走錯路的時候。

不過，每一個偏差錯誤都有修正的機會，只要我們在轉折處要求自己停下想想，一發現角度不對，都還來得及修補，反之，若是沒問題，不就更能放心全力衝刺嗎？

有個女工因爲被人說動，偷偷跑回家收拾行李，準備跟著這個騙子到南方當陪酒女郎。所幸，當她到達車站時，被聽聞消息的姐姐及時找到。

「傻瓜，妳不知道他是騙妳的嗎？」姐姐把她聽聞來的眞相告訴妹妹，妹妹這才知道自己差點被騙了。

女工紅著眼說：「那怎麼辦？我給了他一大筆車錢，還辭掉了工作，接下來我要怎麼辦？」

姐姐說：「總有辦法的！」

妹妹點了點頭，乖乖地跟著姐姐回家，然後，先和姐姐以擺地攤謀生，後來又賣早餐，接著又跑去做化妝品生意。

看起來好像一換再換，但事實上，妹妹沒多久就已是成功的女老闆了。三年後，她擁有了一間美容院和小賓館，當人們問她是怎麼成功的，她卻淡淡地說：「人生的成敗就在一念之間；命運，就在一念之差中發生了轉折。個人理念和個人追求的目標其實是密不可分的，只要你想要成爲一個什麼樣的人，那你就會成爲那樣的人。」

有著深刻人生體悟的感想確實不易明白，因而當她看見人們一臉茫然時，會再講這麼一個故事。

曾經有個黑人孩子跟著父親參觀某畫家的故居，父親對兒子述說畫家的偉大，更不斷地誇讚畫家作品的非凡價值。

然而，當小男孩看見畫家那雙開口的皮鞋遺物時，忍不住問父親：「他不是個百萬富翁嗎？怎麼這鞋……」

父親說：「不，恰恰相反，他是個連老婆都娶不起的窮人。」

第二年，男孩又跟父親到了丹麥，那裡是安徒生的故居，男孩又困惑地問他父親：「爸爸，安徒生不是生活在宮廷裡嗎？」

父親搖搖頭，回答說：「不，安徒生是鞋匠的兒子，一直生活在閣樓裡。」

二十年後，男孩回憶那段童年記憶：「當時我們家很窮，父母都是最基層勞動者，我也因此經常認爲，像我們這樣地位卑微的黑人是不可能會有什麼成就的，所幸父親是個水手，每年都會到世界各個港口工作，也把握機會帶著我認識梵谷和安徒生，他們讓我知道，上帝從不輕看任何人。」

這個人名叫伊東．布拉格，是美國歷史上第一位獲得普利茲獎的黑人記者。

「命運，就在一念之差中發生了轉折。」當女孩說出這句人生感觸時，不知是否也觸動了你的心？

因爲一念之差，有人往墮落的生活沈溺，也因爲一念之差，有人從懸崖邊緣緊急拉回自己。

人生其實很簡單，生活道理也只需要一句話就能給人方向，簡單來說人生便是「事在人爲」四個字。

一如女孩所說的：「只要你想成爲一個什麼樣的人，那你就會成爲那樣的人」，命運神力可以作爲參考，但卻非必要。

其實，所謂的神力就是你我的生命力，女孩重新開始後的人生體悟無疑是：

「人生道路難免出錯，但只要我們能及時醒悟並面對錯誤，生活就能重新開始，仍能找到自己的價值！」

就像梵谷、安徒生與伊東．布拉格一般，他們不理會困厄的命運，只顧著積極生活與充實人生，忘了生活的苦況，因而分別寫下了成功扉頁。

伊東．布拉格的父親說上帝從不看輕任何人，其實眞正的意義應當是：「沒有人可以看輕你！」現在決心重新振作自己的人，是否也因此而喚起自信，願意積極重新開始了呢？

別讓生活困苦阻斷一生前途

只要你願意給自己多一點決心與勇氣，願意給自己一次突破的機會，困境總會擺脫，生活也一定能走向你希望的目標。

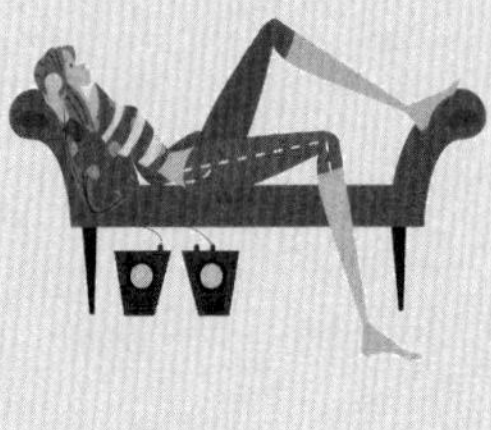

事實上，只要願意放下愁苦的心，生活並沒有眞正的絕境，這就好似被圍起來的樹木，仍然能藉著它的鬚根突破重圍，向外伸展，可以自由發展的人們，豈有不能突破困境之理？

環境是變動的，人生的際遇發展更是瞬息萬變，生活中的困境往往只存於一時，轉眼便逝，我們之所以會感到困厄在身邊盤繞，那是因爲我們在危機消失時，仍不敢推倒柵欄，跨出險阻。

這天，有個穿著筆挺西裝的紳士出現在一棟老屋門前，顯得氣度非凡，臉上也充滿著自信。唯一美中不足的是，這個男子只有一隻左手，這點可以很清楚地從他右邊空蕩蕩的衣袖判斷出來。

男子走進門，看見一個老婦人正在庭院整理，神情有些激動。只見他上前，用僅有的一隻手拉住老婦人，說道：「謝謝您，如果沒有您，我今天可能還是個乞丐，現在的我已是一間公司的老闆。」

婦人困惑地看著眼前男子，點了點頭問道：「是這樣嗎？你是誰啊？」

「夫人，是您讓我看清了自己！事實上，今天我要來接妳一同到城裡住，我要送您一幢新房子，那房子是我要回饋您的！」男子說。

看來老婦人是忘記他了：「對不起，我想你認錯人了。」

這位紳士發現婦人根本記不起他，便仔細述說起那段往事。

原來，那年他只是個又髒又臭的流浪漢。

有一天，他來到一個庭院向那家女主人乞討，女主人看見這個乞丐，覺得他十分可憐，因爲他缺了一隻右手，空空的袖子晃蕩著，讓人看了很難過。不少人遇到他都會慷慨施捨，但這個女主人雖然同情他，不知道爲什麼，卻很不客氣地對乞丐說：「你幫我把這塊磚搬到屋子後面去吧！」

流浪漢一聽，非常憤怒地說：「女士，我只有一隻手，妳怎麼忍心要我搬磚塊呢？妳不想給我吃的就算了，何必戲弄我？」

女主人一聽卻俯身，故意只用一隻手舉起那塊磚：「你看，這並不需要用兩隻手做，我能，你爲什麼不能呢？」

婦人用一隻手將磚塊拿到後面，那個流浪漢看得發呆，忽然也彎下腰，用他那唯一的一隻手搬起地上的磚塊，而且還一次搬了兩塊。大約搬了兩個小時，才把前院的磚塊搬完，他累得氣喘如牛，臉上沾了不少灰塵。

這時，婦人遞給他一條白毛巾，乞丐接過去後，很仔細地把臉和脖子擦了一遍，只見毛巾由白變黑，當乞丐尷尬地看這條「黑」毛巾時，婦人從屋子裡又走了出來，遞給乞丐二十美元。

乞丐有些吃驚地盯著那二十元，忽然間淚水汨汨地流了下來，只見他哽著聲說：「謝謝。」

婦人點了點頭說：「不必感謝我，這是你憑自己的力氣掙得的錢。」

乞丐說：「是，我不會忘記您的教誨，請把這條毛巾留給我作紀念吧！」

故事至此結束，乞丐成了如今的紳士，他對婦人說：「這一切全因爲您說的那句話：『我能，你爲什麼不能？』」

婦人一聽，笑著說：「原來是這件事，其實我早忘了，朋友，那請你把房子送給連一隻手都沒有的人吧！」

我們經常可以從電視等媒體中，聽到關於乞討者的問題，其中不乏許多假乞丐以乞討爲業，以偷取人們的同情心爲謀，以賺取人們的惻隱之心爲職，但最後他們眞的都換得快樂人生了嗎？

看著故事中的乞丐，從乞討轉而以勞力付出得到金錢時，其中的心理轉變，感受想必非常深刻。「我能，你爲什麼不能？」當婦人向乞丐質問這句話時，你是否也正反問著自己「爲何別人能，我不能呢」？

生命是平等的，每個人的生活機會同樣均等，諸多意外插曲，也是因應著你我的需要而生，重要的並非這些意外狀況，重要的是我們能否在每一次意外過後，都有決心再站起來，讓生命風采再現。

每個人都能擁有自信的人生，只要你願意多給自己一點信心，沒有人不能靠自己開創生活；只要你願意給自己多一點決心與勇氣，願意給自己一次突破的機會，困境總會擺脫，生活也一定能走向你希望的目標。

用坦白面對眞愛

能坦然面對，坦白溝通，只要心意誠懇，也真心尋求和解體貼，相信多數人都會得到對方的接受與原諒。

不少戀人們的心底都藏著秘密，有人爲了保護某段戀情，有人爲了保住眼前的情人，然而在情人面前，這些事從來都是藏不住的。爲了遮住某一段欺騙，不少人會用新的謊話圓另一個謊言，從沒想過萬一眞相暴露時該怎麼辦？

既然是眞愛，就應該誠實坦白地對待，將來才不會懊悔：「早知道，當初就該對他坦白。」

他和妻子相識於一個朋友的婚宴上，那時她是個年輕美麗的女孩，身邊不時有人上前搭訕示好，他則是個長相普通的男孩，遠遠坐在角落。

但是，宴會結束時，他卻鼓起勇氣邀請女孩一同喝咖啡，女孩雖然吃驚，倒也禮貌地答應了。坐在咖啡館裡，兩個人因爲不熟悉以致氣氛僵硬尷尬，一時找不到話題可聊的女孩，心裡更想著：「這要怎麼結束？」

這時，服務生端來咖啡餐點，男孩卻突然提出一個讓人不解的要求：「麻煩你拿點鹽來好嗎？因爲，我喝咖啡習慣放鹽。」

男孩一說完，不只服務生吃驚，女孩更是驚訝不已，就連別桌客人也好奇地將目光集中到他的身上。這時，女孩忍不住好奇地問：「爲什麼要加鹽？我從來沒聽過有人在咖啡中加鹽啊？」

男孩沉默了一會兒，然後才慢慢地說：「因爲我小時候住在某座海島，閒來沒事時總喜歡到海邊去。我喜歡在大海裡游泳，每當海水灌進嘴裡，那又澀又鹹的海水滋味實在讓人難忘。唉，現在我已經很難得回家鄉了，這咖啡加鹽算是想念家鄉的表現吧！我只是想把家鄉融進這個陌生城市中，一解鄉愁。」

女孩被男孩這番感性的話打動了，這是她第一次聽見男人表示對家的想念，心裡想著：「一個會想家的男人，想必是個顧家又愛家的男人！」

忽然，女孩被眼前的男孩深深吸引住了，甚至心生傾訴的念頭，也很想與他分享對家的思念。就這樣，原本充滿距離的氣氛一下子被拉近了，兩個人在咖啡店裡聊到欲罷不能，最後女孩還大方地讓第一次見面的男孩送她回家。

隨即，兩個人有了開始，每到咖啡送上的時間，女孩都會對服務生說：「請拿鹽來，我的朋友喜歡在咖啡裡加鹽。」

最後呢？沒錯，最後兩個人在預期中結婚，而且過得非常幸福，直到二十年後男子因爲一場車禍意外去世。

「別難過，妳要好好生活，我會在天上照顧妳的！」丈夫留住最後一口氣，就是爲了對老婆說這句話，女人點了點頭，勇敢平靜地面對這一切。

這天，她整理著先生的日記時，卻發現這麼一個大秘密。

那是他們結婚後，男人忍不住寫下的：「親愛的，請原諒我一直都在騙妳！還記得我第一次請妳喝咖啡嗎？當時氣氛實在太差了，讓我們都覺得很難受。我一時也不知道該說些什麼才好，忽然靈機一動，竟向服務生要了鹽巴來緩和氣氛。其實，哪有人喝咖啡是加鹽不加糖的？但當時我莫名其妙地想了這一招，心想既然說出來了，只好將錯就錯，萬萬沒有想到，它竟能引起妳的好奇，不過，這也讓我喝了大半輩子的鹹咖啡。雖然我好多次想告訴妳，但又怕妳會生氣，更害怕妳會因此而離開我。不過，現在我們已經結婚了，我想已成夫妻，應該會得到妳的體諒吧！說眞的，今生能夠擁有妳是我最大的幸福，如果再有來生，我還是希望能娶到妳，只不過，我可不想再喝鹹咖啡了，那味道實在是有夠難喝的。我這是自找苦吃，咖啡加鹽，當時我怎麼會想出這麼愚蠢的方法啊！」

女人看到這兒，苦笑得淚流滿面，接著她抬起頭看著天：「你沒有騙我，因爲我知道你是眞心愛我的！」

看完這個眞愛故事，是否讓人對「欺騙」有了不一樣的想法。女人明白是愛的欺瞞，因而感動原諒，只是從另一個角度思考，日記本裡的反省也點出了男主角深受這個欺騙所困。

女人哭泣著丈夫的懊悔，想必也深爲自己的不察而心生自責，小小的生活畫面，大大的相處之道，或者女人會想對老公說：「也許我們都曾為愛編謊，但唯有坦白才能讓愛更加圓滿，讓彼此更加緊密，我們更應該相信，真愛經得起面對真相的考驗！」

在你心底是否正藏著什麼秘密呢？你是否正爲說與不說而苦惱不已？又或是一直爲這個謊話，一顆心有如針扎？

試著說出來吧！能坦然面對，坦白溝通，只要心意誠懇，也眞心尋求和解體貼，相信多數人都會得到對方的接受與原諒。

人生有限，務必均衡分配時間

均衡分配時間，才能擁有充實的人生。只要時間分配得宜，想要什麼樣的人生，皆能如你所願，美夢成真。

在我們的生活當中，經常看見有些人把大半的人生分配給工作，不眠不休，夜以繼日。

雖然最終他們成功致富了，然而再進一步深入他們的人生，卻發現在他們之中，有人家庭不睦，有人惡疾纏身，更有人徒留龐大財富給後代爭遺產，自己卻一毛錢也未曾享用過。

這樣的結果，真的是他們想要的嗎？

有一位美國作家說：「我結婚這三十年來，生活上的第一件要事，就是每週和妻子愉快地度過一個美麗夜晚。也因爲有這樣的時間規劃，讓我們的婚姻與親子關係，都維繫得相當好。」

作家之所以會有這樣的時間安排，是因爲一位愛爾蘭人所寫的這首詩：

為工作付出時間，那是成功的代價。
為思考付出時間，那是力量的源泉。
為玩樂付出時間，那是青春的秘訣。
為閱讀付出時間，那是智慧的啟發。
為學習新知付出時間，才能通往幸福的道路。
為夢想付出時間，希望才能達成。
為愛付出時間，因為那是快樂人生的要素。
為歡笑付出時間，因為這些笑聲是靈魂的音樂。

時間要如何分配得宜呢？

最重要的關鍵就在於均衡，不要「過與不及」。

一個人不可能完全不工作，而且生活的大半時間幾乎都處於工作狀態。然而，我們一整天的心思並不能全放在事業上，其他的時間也應該善加利用，分配在思考或學習上。

下班回到家，我們可以用輕鬆的態度與另一半、孩子們相處，用愛與歡笑連結一家人的心。

就像詩中所說的，均衡分配時間，才能擁有充實的人生。只要時間分配得宜，想要什麼樣的人生，皆能如你所願，美夢成真。

把美麗的花朵種植在心田

不必借助華麗的事物，只需要把自己放在最樸實的本心上，相信萬事萬物都是最美的，那麼，觸目所及的都會是最美的！

愛美是人的天性，很少人不注重自己的外貌，也因爲如此，整形美容成了一種時尚。

殊不知，人的外貌其實是隨著心靈美醜而不斷變化的，並不是把自己整形成人工美女，就會讓人覺得賞心悅目。

外表的美與醜是由先天決定的，而且稍縱即逝。

我們眞正應該追求的美麗，當然不是那些外在條件，而是最質樸簡單的「內在美」，一個人人都愛的美麗「心眼」。

在某個偏遠的小鎮裡，有個長相很醜的女孩，醜陋的程度據說連接生她的醫生見了都驚駭不已。

從小到大，女孩一直被人們排斥，每個人一遇見她總是滿臉厭惡地說：「怎麼有人長得這麼醜！」

不管是陌生人還是親人，大人或小孩，只要一遇見她，不是指著嘲笑，就是閃得遠遠的，除了她母親之外，沒有人願意接納她。所以，在她的世界裡只有母親一人。

但幸福的日子似乎無法持久，就在她十五歲那年，母親因病去世了。從此之後，女孩把自己的心門關了起來，心裡總是想著：「這一生，我只好一個人度過。」

少了媽媽的陪伴，女孩用工作來消磨時間，試圖忘記一切傷痛，整天都躲在母親的小花園裡整理花草。

也許，時間淡去了一些事情，也或許是母親的庇佑，某天有人不經意闖入她的花園，並發現花園裡的美麗花朵。他們感到驚奇，這些花兒居然比許多名貴的花卉還美麗。

於是，有人上門找她，希望購買她種植的花朵。

不過，女孩卻不肯買，只想贈送分享！

就這樣，從贈花的那天開始，女孩的生活有了改變，透過這些花朵，她重新與外界連繫，更重要的是，人們與她的互動越來越熱絡了。不久之後，日夜種花的她成了家鄉最出名的人物。

有一天，鄰居從報紙上獲知，大城市中將舉辦一場花卉比賽，獎金相當豐厚，他們連忙通知她：「妳看，這是一個難得的機會，快去參加吧！我們相信妳一定能獲得大獎！」

不過，女孩卻搖了搖頭說：「我種的這些花兒，只要你們大家認爲很美麗，那就是最好的獎賞。」

什麼樣的事物最讓人驚豔，什麼才是我們應該追求的美麗，相信每個人都已經有了標準，但是你的標準是什麼呢？

人們常說：「心地美，物物美；心地善，事事善。」

所以，不必借助華麗的事物，也不必等待人們的認同，只需要把自己放在最樸實的本心上，相信萬事萬物都是最美的，那麼，觸目所及的都會是最美的！就像故事中的女孩揭示的道理，只要你心中認為美就夠了，其他任何的附加都是多餘的。

嚼出苦果裡的好滋味

相信自己，才能看見希望，只要還有決心，一刀把結劃開，一定能讓我們走出全新的人生道路。

我們總說苦是一種難以咀嚼的味道，但比起甜食，這苦澀滋味卻經常讓人嚐到另一種美味。因爲，甜食的味道始終只有一個甜味，唯獨苦味，會轉變成回甘而獨特的風味。

人生中的苦況不也如此，吃盡苦頭後，才能得出幸福甜味兒。那些正滿嘴苦果的人，何妨細細體會，慢慢咀嚼出蘊藏於其中的人間美味。

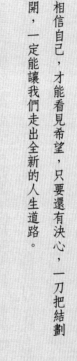

多年前，約翰遜是以賣小雜貨維生的人，生活雖然還過得去，但這點收入對約翰遜來說還是不夠，畢竟一家四口開銷只會越來越大，不可能減少，雖然賢妻從未有過抱怨，但這反而讓約翰遜越覺愧疚。

因爲，對他來說，沒能讓家人過更舒適的生活，都是他不夠努力，也因爲懷抱著這個歉疚，讓他決心更加積極努力，因而有了今天的成就。如今約翰遜不僅擁有一個佔地約二英畝的新家，還能放心地支持孩子們繼續深造。

今年，他們一家四口遠赴歐洲度假，在住宿的城堡裡，約翰遜十分開心地說：「這一切都不是偶然發生的，若非那年的信念力量，勇敢地前進休士頓尋找機會，也許不會有今天的成就。還記得到達那天是週日的清晨，面談還得等到星期一。那天晚飯後，我在安靜的旅館中想著事情，突然間只覺得自己十分可憎，我不斷地反問自己，爲什麼我總是逃脫不了失敗的命運？」

接著，約翰遜拿出了旅館信箋，寫下幾個他身邊熟悉的成功友人的名字，他們一個個發展得都比約翰遜好，其中一個是鄰近的農場主人，後來搬到更好的地區去了，另一位是約翰遜曾經為他工作的老闆，最後一位則是他的妹夫。想著這些成就超越他不知多少的朋友們，約翰遜不斷地反問自己：「是他們擁有什麼優勢嗎？不，他們的才智並沒有比我好，受的教育和個性各方面也沒有比我更好啊！那是為什麼呢？」

約翰遜想了半天，忽然間拍了自己的頭一下說：「對，是主動性！」約翰遜不得不面對自己的被動，也不得不承認朋友們確實比他更主動積極。

想到這一個重點時，已是凌晨二點了。此刻，約翰遜的頭腦比清晨時更加清醒，或者應該這麼說，這個靈感乍現，讓他清楚看見自己的弱點，也讓他更加清楚看透自己。

難得的清楚面對，也使他因此深掘自己的內心世界：「是吧！少了主動，我怎會有什麼作為呢？少了主動，我不僅對自己沒有信心，還常常退縮不進，又怎可能會有什麼樣的遠大抱負呢？」

約翰遜憶起過去種種，一夜未睡，努力地檢討反省，當太陽光從窗口射入時，他忽然對自己說：「不行！我絕不能再這樣下去，如果我連自己都不相信，那麼還有誰會信任我呢？」

於是，約翰遜決定：「從今以後，我再也不能這麼想了，我要成爲一個最優秀的人，我將會是個優秀的丈夫，還是個優秀的好父親。」

第二天上午，約翰遜保持著那個高昂的自信心，精神飽滿地前往面試。這次面談，約翰遜果然成功達陣，不僅被公司錄取，而且還得到了更高一等的職務。約翰遜終於明白，把目標訂高一些，並不會加重負擔或降低成功機率，反而會將自己的潛能、自信激發出來。

現今社會中，其實有不少人和約翰遜情況相同，但遭遇難關時總是無法走過，無論家人或親友們怎麼安撫勸說，仍然不敢試著跨過。

「若自己都不能主動積極，又怎有機會突破困境？」這是約翰遜反覆思考的問題，現在我們不妨一同深思。

試著想一想，也試著找出自己的問題，然後我們一定能和約翰遜一樣，發現解困的辦法，畢竟心裡的糾結是我們自己結成的，最後仍得靠我們自己解開。就算是死結，也總有辦法解開，只要還有決心，一刀把結劃開，一定能讓我們走出全新的人生道路。

相信自己，才能看見希望，這不是什麼宣傳口號，而是每個積極者人生中最爲重要的信念。因爲這個執著，他們總能在非常時刻發現機會，並推動著自己勇敢前進跨越。

苦果不是非得糾結著眉苦吞，遍嚐苦果後，你將會發現，原來這苦澀的口感不只別具風味，還會慢慢地成爲生活最愛品嚐的美味。

珍愛生命中的一切

當我們懂得大自然的付出，心中便會充滿感謝，只要懂得珍惜大自然，當然也會珍愛生命中的一切！

當我們砍下一棵樹時，是只記得金錢方面的收益，還是能記得根留大地，讓它生生不息？

放下心中的貪婪吧！如果一味地攫取自然資源不知珍惜，大自然會不會有枯竭的一天呢？

小璇是個非常熱愛大自然的女孩，每當她徜徉大自然天地時，總是會忍不住嘆息：「人，眞的好渺小！」

因爲如此渺小，小璇知道自己唯一能做的，就是更珍愛生命，更珍惜身邊的每個人事物。她認眞地做垃圾分類與資源回收工作，總是向朋友說：「如果每個人都能認眞地做這個小動作，臭氧層或許會有癒合的一天。」

喜歡看國家地理頻道的她，每每看見動物們的活力與自然界的神奇，總是在心裡激起不小的漣漪。

喜歡種植花草的她，培養出來的耐心與愛心，也是許多朋友所佩服的。

她只會微笑著說：「你們不必驚奇，把這株小松樹帶回家去種，慢慢地，也會和我一樣，知道什麼是生命的力量。」

你也喜歡大自然嗎？當你站在巨樹旁邊，身處廣大的草原上，心中是否也和小璇一樣，總是激起無限的感動與慨嘆？

人們自古以來，從未間斷過向大自然學習。不管是魚兒逆流、螻蟻求生，或是一葉知秋，人們借助自然萬物得到各種道理。

當人們越來越自負，越來越不把自然看在眼裡時，謙卑的自然萬物依然循著千百年來的方式，不斷地支持我們，不放棄人類。在大自然的眼中，你我皆是它孕育的萬物之一。

從自然界的包容中，你是否也能學會包容？

自然無私的愛，我們隨時都在接受，一如光、水與氧氣，我們怎能不懷抱著感恩的態度，感謝大地呢？

當我們懂得大自然的付出，心中便會充滿感謝，只要懂得珍惜大自然，當然也會珍愛生命中的一切！

Part 4

放下煩惱，結果往往出乎預料

還在計較應得的成績與讚美的人，
不妨放下這些無謂的煩惱，
只管盡情盡心地表現，
相信最終得出的結果將會超出的預料。

該放下的時候就放下

放下身段，放下執念，放下偏頗，人才能活得快活，才能用全新的視野看待周遭的人事物，不再為眼前的糾葛患得患失。

作家梅爾澤曾說：「想要擁有之前，必須先學會放下。」

確實，人生過程中，很多事情該放下的時候就必須放下；放下並不是意味著「失去」，反而是另外一種形式的「擁有」。

放下內心那些偏執、貪癡、怨懟、憎恨，是我們活得快樂的最重要因素，也是生命能否提昇至更高境界的關鍵；放下是從苦惱中超脫的最好方法，不肯放下，只會讓自己陷入的痛苦和折磨之中。

放下象徵著待人處事的圓融與生活的圓滿，必須經過日積月累的成長與啟發，才能學會適當地取得平衡，而這也正是你我一生必修的功課。

因此，唯有隨時留意身邊的啟發機會，並且不斷地自我反省，我們的人生境界才會有所提升。

著名的雕刻家米開朗基羅，曾經受邀到佛羅倫斯，為一塊巨型的大理石進行雕刻。

如此艱鉅的任務，讓米開朗基羅整整花了兩年的時間才完成，他把所有的心血，全都澆灌在這件藝術品上。

作品完成之後，市長非常慎重地挑選了一天，作為揭幕的最好時間。

這件藝術精品揭幕的當天，佛羅倫斯可說是萬人空巷，參觀者個個都看得讚嘆不已。

佛羅倫斯市長也在雕像前佇足，仔仔細細地再三端詳。

就在這個時候，他忽然臉色一沉，說道：「米開朗基羅先生，這個雕像的鼻子太低了吧！」

米開朗基羅聽到時，立刻明白這位對藝術一竅不通的市長，只不過是想擺個官架子罷了。於是，他謙遜地笑著說：「沒問題，我現在就立即整修一下，保證使您滿意。」

說完，米開朗基羅便沿著架子，爬到了雕像的頂端，在雕像的鼻子上忙碌敲個不停，只見大理石粉末簌簌地落了下來。

過了好一陣子，米開朗基羅才從雕像上爬了下來。

市長再次對石像審視一遍之後，最後高興地稱讚：「棒極啦！你照著我說的話修改後，這個雕像眞的好看多啦！」

事實上，米開朗基羅根本沒有動過雕像的鼻子，只不過是偷偷地抓了一把大理石粉，爬到雕像上時，故意假裝在雕像的鼻子上敲來鑿去，順便將石粉灑下來，讓市長以爲他眞的在「修改」。

聰明的米開朗基羅，不僅作品令人驚奇讚嘆，連他的待人處事手腕也令人驚豔、佩服。

他不僅洞悉了市長的心理，還知道如何滿足對方。

他輕輕地撒下了石粉，不僅避免了據理力爭時可能引發的衝突場面，更重要的是，他既保住了市長的面子，也照顧了自己的裡子，讓世界級的雕像維持了原創時的完整，而這正是他處事的圓融與堅持。

從米開朗基羅大師的這則小故事中，你是否又上了一課呢？

作家摩露曾寫道：「放下不想放下的東西，才能真正擁有這個東西。」

很多人都會認爲唯有緊緊握住某項東西，才算眞正擁有，但米開朗基羅的這則故事卻提醒我們，「放下」才是最高超的人生智慧。

放下身段，放下執念，放下偏頗，人才能活得快活，才能用全新的視野看待周遭的人事物，不再爲眼前的糾葛患得患失。

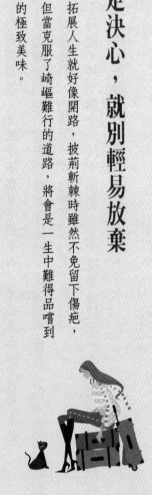

下定決心，就別輕易放棄

拓展人生就好像開路，披荊斬棘時雖然不免留下傷疤，但當克服了崎嶇難行的道路，將會是一生中難得品嚐到的極致美味。

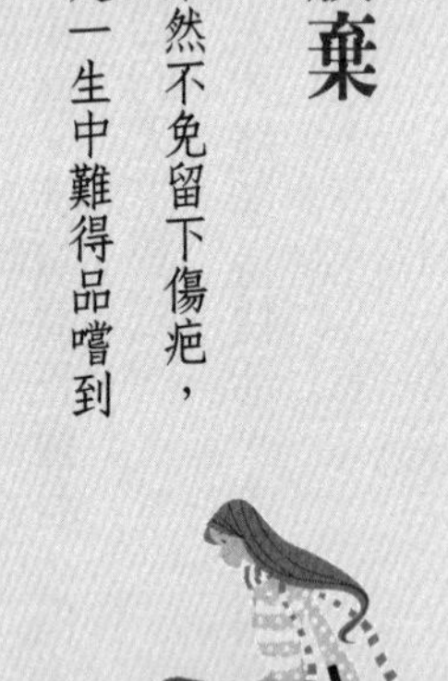

你的人生目標已經確定了嗎？決定要開始前進了嗎？

如果決定了，就要積極克服自己的弱點，別再猶豫徬徨，即使遭遇挫折也要勇於面對。只要能以決心跟毅力征服那些陌生的領域，你的人生將會因爲不斷地面對挑戰而越發精采。別再猶豫不決，跟著心中那股悸動，朝向你心心念念的夢想目標前進吧！

好萊塢演員阿諾．史瓦辛格曾經是個瘦弱的年輕人，若非下定決心鍛鍊自己，就不會有後來的成就，也無法靠著累積的名氣登上加州州長寶座。

據說，在他決定開始練舉重後，一週有三天會到體育館練習，其他時間則要求自己在家裡鍛鍊，而且沒有時間設限，直到精疲力盡為止。

如此堅定的毅力讓他練就一身好體魄，這副好體魄更讓他成為人們心目中扮演英雄角色的最佳人選。

到底是什麼因素，讓他脫穎而出？史瓦辛格在某次接受電視採訪時，言簡意賅地說：「勤奮，外加不斷自我要求和積極的態度。」

的確，企圖心和決心、動力，是成功的不二法門，事實上許多成功人士也多次用親身經歷證明，那些達到頂峰者並不一定是天資最聰穎的人，只是比別人更願意下苦功，願意勤奮努力，並且對自己不斷提出更高的要求。

勤奮不等於苦熬，活化自己的腦袋也很重要，對此，阿諾．史瓦辛格提出了幾個成功的小訣竅。

第一，必須先牢記心中的夢想，勤奮努力，然後才會得到回報。方向要明確，及早訂定未來的目標，然後全力以赴去實現。

第二，別把時間逼得太緊迫，疾馳之後也要適時放慢腳步，然後再繼續加足動力向前邁進。

第三，將目標分成不同的階段小目標，然後一步步達到每一個小目標。這種方法比起緊盯著仍遙不可及的終點目標，成功的機會更大。

第四，適度地給自己獎勵，不管任務多麼艱鉅，只要有點成績，不妨給自己一個小獎勵慰勉，就心理層面來說，這將成爲助你繼續向前的動力。

第五，多檢討，多反省，因爲錯誤中將出現難得的成功指引。

最後，多鼓勵自己，適度的勉勵有助於建立信心。聆聽別人的支持時，不妨也這麼對自己說：「你眞是太棒了！一定能有更好的表現。」

聽完阿諾的成功故事和建議，你是否已經發現了自己遲遲無法突破的原因？多少人不是在遇到第一個挫折之後，便放棄了心中的夢想目標？又有多少人不是著急地想一步登天，最終才發現成功腳步得一步步累積，於是便懶惰退縮，不願再跨步前進？

遇到阻礙之時，請給自己多一點鼓勵和支持。好不容易下定決心前進，怎麼能輕言放棄？阿諾的故事不是清楚地告訴我們：「計劃已經開始執行，就要積極前進，成功雖然沒有捷徑，但只要秉持著勤奮和毅力，很快地便會達到夢想的目標。」

「不怕機會錯失，就怕自己放棄」，這是許多成功者分享的經驗。的確，很多人一開始總急著尋找機會，最終機會幾乎到手了，卻又爲了一點小小的挫折而放棄一切。

拓展人生就好像開路，揮刀披荊斬棘之時，雖然不免留下傷疤，但是克服了崎嶇難行的道路，終於可以暢行無阻直奔夢想時，其中的感動與心底充實的感受，將會是一生中難得品嚐到的極致美味。

想要快樂充實，就要懂得節制

慾望並不難遏止，只要時時切換視野角度，看看別人不足之處，再想想自己擁有的，忽然興起的奢侈慾望自然會消失。

人生中最重要的生活智慧是：該放下的時候就放下。

若總是克制不了慾望或無法自律，不妨與不如自己的人比較。那不是爲了同情困苦之人，也不光只是爲克制心中慾望，最重要的是爲了避免將來被一時的貪婪所惑，更拒絕被盲目放縱的慾念所累。

過度放縱慾望常會爲自己帶來不測與難堪的災害，只有節制，才能自在調節快樂生活的溫度。

有位酷愛打高爾夫球的猶太長老，在某個安息日，居然偷偷跑去揮桿，嚴重違反教會規矩，因爲信徒在這天必須停止各種活動，什麼事都不能做。

可是，這位長老卻忍不住手癢，耐不住慾望想去揮兩桿，他苦惱萬分，忍了一個小時後，還是跑到高爾夫球場去。

來到高爾夫球場之後，長老頗爲自律地對自己說：「打九個洞就好，我只能打九個洞！」

長老很放心地準備好桿子，因爲在安息日，教徒是不會出門的，除了他之外，球場上沒有其他人影，當然也不會有人知道他違反了教規。

然而，長老才打到第二洞時，便被天使發現了，天使憤怒地把長老打球的事件告訴上帝：「上帝，您看那長老居然不守教規，眞是太大膽了。」

上帝聽了，便對天使說：「嗯，我會好好懲罰這個長老。」

只見長老從第三個洞開始，每一揮桿都打出了超完美成績，幾乎桿桿進洞，長老當然非常開心興奮。當他到打第七個洞時，天使憤憤不平地跑去找上帝：「上帝，您不是說要懲罰長老嗎？怎麼還不見您懲罰他呢？」

沒想到上帝卻說：「我已經在懲罰他了！」

直到打完第九個洞，長老仍是一桿進洞。由於打得太過癮了，長老決定再打九個洞，天使一看，飛奔至上帝那兒，不滿地說：「上帝，您到底在幹什麼？您說的懲罰是什麼？怎麼我看不到他被懲罰了呢？」

上帝搖了搖頭，只笑而不答。

直到打完十八洞，都是一桿進洞的長老這天的成績超過了任何一位世界級的高爾夫球名將。看著長老得意的神情，天使極不舒服，垮著臉質問上帝：「這就是您對長老的懲罰嗎？」

上帝笑著說：「是的，這就是我對他的懲罰。你想想，他今天揮出如此驚人的成績，興奮的心情可想而知，問題是，卻沒有人欣賞啊！再者，有這樣成績他想必很想對人們說，但他卻說不得，就算說了也沒有人會相信，你想想，這樣的懲罰怎不嚴厲？」

「原來如此！」天使這才明白上帝的用意。

一個無法自律的傳教者，又怎能期望人們信守教規？

無論是長老克制不了慾望的表現，還是上帝有心懲罰，故事給我們的省思極大，當天使了解上帝給予長老的嚴厲懲罰時，你是否也不禁反思著：「人類慾望實在讓人啼笑皆非！」

不能享受人們的歡呼讚美，對愛慕虛榮的人而言確實是個大的折磨，同樣的，面對慾望始終克制不了的人，想要有個快樂滿足的生活也實在不易。有一得必有一失，當心思被虛榮和不踏實的慾望佔滿時，人終將失去平凡但充實的愜意生活。

生命中，有獲得也有失去，我們怎能不小心翼翼地跨出每一步？慾望並不難遏止，只要時時切換視野角度，看看別人不足之處，再想想自己已經擁有的，那些忽然興起的奢侈慾望自然會消失。

閒話太多，不如閉口沉默

閒話就像飄散的雞毛，風一吹便再也收不回，若是不能明白表達自己的想法，那麼便要懂得「閉口」的智慧。

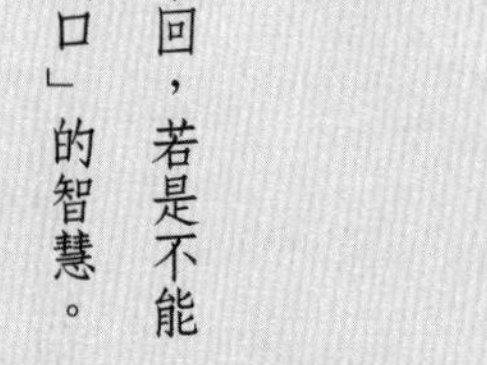

英國作家第．加圖曾說：「不要背後議論，免得被人當成謠言的製造者。不說話是不會傷人的，說長道短則會招惹是非。」

能鼓勵人心的話，多說一些無妨；能給人信心的讚美，再多加一些也無妨。口若懸河是項本事，但如果只是逞口舌之快，句句都刺向別人，那還不如當個聰明的啞巴。

八卦閒語人人會說，也人人愛聽，但這些話該不該說，又該聽不聽，得看聽明的人怎麼選擇。

十六世紀時，羅馬有位深受人們愛戴的牧師，名叫聖·菲力浦。有一天，有位年輕的女孩向聖·菲力浦求助，對著牧師傾訴心中的苦悶和煩惱。

這個女孩其實心地不壞，只是喜歡到處說人閒話，因此人緣極差，口舌之爭也時常發生。

道人是非的話原本就容易流傳，而且往往會越傳越離譜，於是八卦閒語不但傷害了別人，更傷害了自己。

只見她慢慢地變成人們眼中的討厭鬼，不僅人們不想與她交往，就連原本交情不錯的朋友也開始與她保持距離。

「我好孤獨！」女孩聲音哽咽地說。聖·菲力浦溫柔地對她說：「孩子，只要妳不再說他人的壞話，就不再孤獨！嗯，我知道妳爲此感到苦惱，現在我教妳一個方法贖罪。等會兒妳到市場上買一隻母雞，然後抱著這隻雞慢慢地走出城，其間妳要沿路將雞毛拔下丟棄，一直到拔光了雞毛爲止，當妳任務完成之後，再回到這裡來。」

女孩二話不說，立即遵照牧師說的話去做，完成之後，立即回到牧師那兒詢問接下來該做的事。

聖．菲力浦滿意地點了點頭說：「很好，妳已經完成了贖罪工作的第一步，接下來妳要進行第二步，現在妳再回到剛才丟棄雞毛的路上，然後一一撿回妳拔掉的所有雞毛。」

女孩也照做了，但是這次她卻無法把任務達成，因爲風早把雞毛吹得到處都是，想撿回所有的雞毛幾乎是不可能的事。

直到天空的黑幕拉下，她依然還未撿完所有的雞毛，但與牧師約定的時間已經到了，只好拿著寥寥可數的雞毛回來交差。

「牧師，我找不回所有的雞毛。」女孩苦著臉說。

聖．菲力浦笑著說：「我的孩子，我早知道妳無法撿回所有的雞毛。妳仔細想想，這是不是就像妳曾脫口而出的那些閒話？想想妳經常從口中吐出來的那些閒言閒語，妳有辦法將它們一一收回嗎？」

「不能。」女孩回答。

聖．菲力浦點了點頭：「那麼，下次當妳想說別人的閒話時，能不能閉上嘴巴，不要讓這些邪惡的羽毛散落路旁呢？」

女孩似乎已領悟其中道理，堅定地說道：「能！」

總是有人覺得，現代人的生活太乏味，日子悶得發慌，於是好以道人是非爲樂，又好窺他人私事自娛。殊不知，這樣的作爲，不僅不能增添生活趣味，反而讓心更形空虛與貧乏。

就好像故事中的女孩，自以爲無傷大雅的八卦閒話，卻帶給人們諸多困擾和難以癒合的傷口，也因此，爲自己帶來更大的反撲力量。

我們都知道，話一說出口便難以收回，特別是那些閒言壞話，一旦傳播出去，因爲人們的好事心態，自然會越傳越遠，所謂「好事不出門，壞事傳千里」，就是這個道理。

其實人嘴一句，十嘴便有十句，嘴巴長在人身上，想一句傳一句還不見訛誤，那可比登天還難，話當然只會越傳越離譜！

所以，與人相處一定要懂得「謹言愼行」的重要，因爲我們永遠都不知道人們會怎麼傳話，更不知道人們會怎麼猜想揣度。

閒話就像飄散的雞毛，風一吹散便難以收回，若是無法明白表達自己的想法，不能清楚闡述自己的見解，那麼便要懂得「閉口」的智慧。

放下煩惱，結果往往出乎預料

還在計較應得的成績與讚美的人，不妨放下這些無謂的煩惱，只管盡情盡心地表現，相信最終得出的結果將會超出的預料。

許多人在評估未來的時候，最在意的常常不是自己的表現如何，而是未來的成績結果如何。

只是，當我們連最基本的表現水準都尚未達到時，又如何能期待未來會接受多熱烈的掌聲？

想成功，關於最後結果或回饋多寡的事就別再多想，眼前只需專心一致地好好表現，專注於腳下的步伐是否踏得實在穩當！

英格麗．保曼十八歲那年，參加皇家戲劇學校的一場考試。

走進考場後，英格麗．保曼認眞地表演著努力準備的作品，當她忘情地表演時，忽然看見評審席上的一個畫面，表演情緒瞬間從高峰跌到了谷底。

原來，評審員們在台下漫不經心地聊著天，還有人在說笑，甚至在把玩手中的紙筆，根本沒有人注意她的表演。

這種情景讓英格麗．保曼傷心極了，不過表演已接近尾聲，縱使再如何沮喪也應該有始有終。但此刻她認爲自己已經沒有希望入選，腦袋一片空白，連最後的一句台詞都忘了。

就在這個時候，主審對她說：「好了，小姐，謝謝妳！下一個……」

告知結束的聲音，讓英格麗．保曼整個人都呆住了，此時她心裡不斷地吶喊著：「完了，我沒希望了！唉，我怎麼會忘詞呢？天哪！」

英格麗．保曼的心情糟透了，淚水更如潰堤般止不住！

在返家途中，她來到一條河邊，仰望著天，心想：「老天爺啊，這是我唯一的夢想，我準備了這麼久，爲何讓我希望落空？」

英格麗·保曼紅著雙眼回到家後，把自己關在房間裡，無論家人怎麼安慰勸導都沒有用。

直到第二天發生一件事，讓她認定世界會有奇蹟發生，因爲她收到皇家戲劇學校的錄取通知書。只見她原本憂愁的臉轉眼間滿是喜悅：「天哪，我被錄取了，我眞的考上了！」

自此，英格麗·保曼開始了她的表演生涯。

若干年後，有一天她遇見當初那位評審主席，聊起當年的考試情景，主席聽完她的那段回憶後，不禁瞪大了眼說：「那眞是個大誤會啊！妳知道嗎？那天妳一上台，我們就一致認定妳了，因爲妳看起來是那麼的自信，還有妳的台風和表演天分等等都讓我們極爲欣賞啊！當時，我是在跟其他評審說：『她可以的，就別浪費時間了，叫下一個吧！』」

英格麗·保曼一聽，心中的疑團終於解開，笑著說：「眞的嗎？原來是我對自己太沒信心了！」

「未到最後一刻，絕不輕言放棄，不到最後結果出爐，誰也不能輕易否定自己！」這是英格麗．保曼從這段經歷中領悟到的生活智慧。

的確，路沒走到盡頭，怎麼能輕易宣判自己無望。即使面對最糟的情況，只要繼續走下去，懷著堅決不放棄念頭，總還是有機會成功，也還有機會等到起死回生的契機。

再回到故事中，當英格麗．保曼發現評審們神情不專注時，這時聰明的人不該多想評審們的想法，反而要更專注且專業地表演下去。因爲，只要一站上舞台，唯一要在乎的不是台下觀眾的掌聲，也不是最後分數的高低，而是要告訴自己：「不管結果如何，盡全力去做就是了！」

還在計較應得的成績與讚美的人，不妨放下這些無謂的煩惱，只管盡情盡心地表現就對了，相信最終得出的結果將會超出的預料。

放下貪念，才能闖出一片天

期盼再多的意外之財，都比不上務實累積出來的財富，因為少了感受掙得每一分錢的辛苦，我們就難以學會珍惜。

現代社會中，爲爭奪金錢、財產而遺棄雙親的事件時有所聞，事件中的主角一個個都被財富蒙蔽了自己的良心。

財富必須經由正當的管道取得，日子才會過得踏實。

我們都知道「富不過三代」的道理，也因爲明白這個道理，不少白手起家的人總是這麼告訴後人：「靠自己的雙手闖出一片天，那樣得到的成功才會眞正屬於你。」

某位富翁有三個女兒，三個女孩分別有不同的愛好，老大愛喝酒，老二好打扮，老三則非常小氣。

富人死前立下一份遺囑，把家產分成三等份，並且規定每個女兒把所得財產售出後，分別要給她們的母親一筆生活費。

父親撒手歸西後，三個女兒急急忙忙地跑到律師事務所那兒看遺囑，當律師唸完遺囑後，一個個都搞不清楚父親的意思爲何。

「簡單地說，令尊是要妳們拿到繼承的財產後便脫手，然後每人支付一筆錢給妳們的母親。」律師解釋道。

遺產共有三份，一是鄉下的別墅，那兒還有昂貴餐桌、銀餐具、金水壺和一個存放不少葡萄酒的酒窖，此外還有幾位侍候起居的佣人。另一份，則是大城市裡的房子，那兒有考究的傢俱與裝潢，以及兩個僕人可供使喚，此外還有父親珍藏的珍珠寶貝和衣物。

至於第三份遺產，則是一個農場和全套的生產農具、牲口和牧場，當然也少不了管理生產和畜牧的僕人。

原本她們想以抽籤的方式分配遺產，但後來卻堅持要各自挑選自己喜歡的財產。

這似乎沒有問題，但家族中的長輩卻提出異議：「妳們這樣根本違反了遺囑的本意，如果妳們的父親還活著，絕對會大罵妳們一頓，這遺囑不該是這麼解釋的啊！」

說完，他挺身主持分配家產，只見他把財產很公平地分給她們，但卻不給她們最想要的那一份。愛打扮的女兒得到酒窖，愛喝酒的分到大城市的房子，愛管理家務、整理環境且小氣的女兒則分得農場。

這位長輩滿意地點了點頭，認為再也沒有比這更好的分法了，接下來就等待三姐妹無奈地將財產出售。

當她們把不動產換成現金，自然得支付給她們的母親，這也正是富人當初立遺囑的本意。

看完故事，你認爲老富翁立下的遺囑，本意爲何？

回到現實生活中，看著那些不時見報的兒女爭遺產的醜聞，一分錢一分地，晚輩子孫一個個搶得你死我活，少一塊錢也要請法官主持公道，看似爭一己之公平，實際上只是讓人看笑話罷了。

再多的遺產，也比不上自己賺來得踏實。前人種樹不是要後代兒孫只顧著在樹下乘涼，而是要讓他們能從生活中體會——想有成功的結果，便要好好栽種手中的樹苗，唯有當下辛苦付出，未來才能輕鬆在大樹下遮蔭納涼。

放下心中的貪念，才能獲得自己想要的，才能闖出一片天。期盼再多的意外之財，都比不上務實累積出來的財富，因爲少了感受掙得每一分錢的辛苦，我們就難以學會珍惜。

與其裝糊塗，不如學會寬恕

糊塗看人事，不如用寬恕心對人，真正的智者，表面上看起來迷糊呆傻，實則舉手投足都充滿智慧心思。

當年，爲俗事所困的鄭板橋頗有感觸地寫下「難得糊塗」這四個字，從此不少人爲「糊塗」二字著迷。

爲了讓生活少一點煩憂，也少一點人事紛爭，聰明人會時時提醒自己要「裝糊塗」。確實，懂得運用智慧，巧裝糊塗，才是有大智慧的人最聰明的處世方略。只不過，這個世上眞迷糊的人太多，假糊塗的智者難得，眞能看開一切的人畢竟是少數。

遠方飄著一葉扁舟，舟中承載著一個剛剛誕生的生命。他不會說話，不會笑，不吵鬧也不思考，只是安靜地沉睡。

這時，遠處傳來一個聲音：「你從何處來，要往何處去？」

小生命跟著重複：「從何處來？往何處去？」

忽然，遠方又傳來一個聲音喊著：「等一等！我們想與你同行，請載我們一塊兒走吧！」

隨著聲音望去，那是痛苦與歡樂、愛與恨、善與惡、得與失、成功與失敗、聰明與愚鈍。他們正手拉著手游向這只生命之舟，接著痛苦從左邊上船，歡樂從右邊上船，愛也從左邊上了船，恨從右邊上了船……

當這些伙伴們全進到了船艙裡，生命之舟頓時沉重了許多，船艙內也熱鬧了起來，這時，哭和笑也靠近舟身，說要同行。

忽然，又一個喊聲傳來：「等一等！等一等，還有我們。」

順著聲音看去，那是清醒與糊塗、路人與朋友，他們雙雙攜手游來。清醒急急忙忙地從左邊上了船，但這會兒，糊塗卻遲遲不肯上船，另一方面，路人也從左邊上船了，但朋友和糊塗一樣也遲遲不肯上去。

「怎麼啦？朋友、糊塗，你們快上來呀！」

「除非糊塗先上去，我才要上去。不然生命是容不下我的！」朋友說。

「不！我不想上去，因為我知道我是不受歡迎的。」糊塗說。

「你們快上船吧！糊塗呀！你對我極為重要。知道嗎？我想得到良朋益友，全得靠你啊！還有，假如我想闖出一番事業，沒有你更是萬萬不能。」新生命這麼說。

聽了這話，糊塗終於上了船，朋友也緊跟上去了，生命之舟開始在時空長河中滿載前進。這時，後面又傳來了一個聲音：「等等，別忘了我呀！我一直都緊跟隨著你哪！」那是死亡的呼叫聲。

但這一回，生命之舟卻沒有停下來，不知道是它沒有聽見，還是不願聽見，總之，生命之舟繼續地向前駛去，任由死亡在後面緊緊追趕。

人生充滿喜怒哀樂、成功失敗，更有哭有笑，凡此種種都是我們十分明白的，唯有「糊塗」最容易被我們忽略。正面的糊塗能讓我們獲得知交，負面的糊塗常讓我們錯失真情。換句話說，糊塗裡若不見真智慧，這樣的糊塗恐怕不見得是好事。大事應該謹慎處理，小事才能巧裝糊塗。

與其糊塗看人事，不如用寬恕的心待人處事，真正的智者，表面上看起來迷糊呆傻，實則舉手投足都充滿智慧心思。面對世事紛紛擾擾，懂得難得糊塗的人想表達的正是：「為了給自己一個自在快意的人生，我寧願迷糊裝傻，所以別人在計較時，我裝糊塗，別人在搶功時，我更糊塗！」

當然，處世待人真迷糊或假糊塗只有自己才知道，不過，聰明人都知道應該笑看世事的紛亂，所以他們能將諸事一笑置之、淡泊處之，在人生的道路上自在地歡笑。你是否很羨慕這些歡笑聲，盼望擁有相同的人生感動？那麼就用「寬恕的智慧」，好好「裝糊塗」吧！

事情就是像你想的那麼簡單

生活中很多事其實無須多作臆想，有時候只是一個簡單的念頭，只要放寬自己的思考，問題的答案自然能輕鬆解出。

人們常說「事情沒有想像的簡單」，但問題眞有想像中那樣複雜嗎？還是，我們只顧著鑽研「可能」的複雜面，卻忽略了事件本質的單純性？

再複雜的問題也是人想出來的，既然如此，我們不也可以這麼說：「想要把問題簡單化，就只要簡單地想。」

試著以簡單的方式思考，相信很快地你會發現，問題原來眞的可以「像自己想的那麼簡單」。

幾位哲學、邏輯學和法律學大師正聚在宮裡討論問題。他們各自提出自己的見解，誰也不服誰，接著竟然在殿前爭論了起來。眼看爭吵越演越烈，一個大臣聽得頭昏腦脹，忍不住站了起來，怒斥道：「一群糊塗蟲！」

這話當然冒犯了這些偉大的學者，學者一個個大聲要求國王嚴懲他，為了平復衆人的怒氣，國王無奈地說：「拖出去打五十大板。」

「等等，我賢明的君王啊，請允許我提出一個問題讓這些學者回答，只要他們能給我一個正確的答案，我會心甘情願受罰。」

「好，請提出你的問題。」國王說。

「先拿紙和筆來！」大臣說。

大臣清了清嗓子，對三位學者說：「麵包是什麼東西？請你們在紙上分別寫下自己的答案。」

學者們很認眞地寫下心中的答案，然後交由國王宣讀。

第一份答案寫了：「麵包是麵粉和水的混合物。」

第二份答案指出：「麵包是眞主的恩賜。」

第三份答案說：「麵包是烘烤熟了的生麵。」

第四份答案則是：「麵包是有營養的物質。」

第五份答案寫得很長：「麵包是很多元的，每個人根據自己的喜好和能力把它做成圓的、方的、大的、小的……」

國王讀完學者們的答案，問大臣：「大臣，這是不是你要的答案？」

「不是，這個問題根本沒那麼難，他們的答案太過複雜，而且沒有一個人說到重點。」大臣說。

「是嗎？你的答案是什麼？」國王問道。

「答案很簡單，麵包是『吃的東西』！」大臣笑著說。

「答得好，不錯，麵包是『吃的東西』！」國王連連點頭，接著便取消對大臣的處罰，那些自認學問非凡的學者，一個個尷尬地低下了頭。

聽見問題時，你心底猜想的答案是什麼？是否和那群學者一樣，繁複地思考各式材料或多樣麵包口味？還是和大臣一般，不多做複雜的想像，只是簡單尋思，然後給人一個簡單也趣味橫生的答案？

就好像許多腦筋急轉彎的問題，我們總反駁問題太過狡猾，答案怎能那樣簡單直接，但仔細想想，如果總是進行那樣複雜思考，只會讓自己糾結苦思，又有何助益？

生活中很多事其實無須多作臆想，有時候只是一個簡單的念頭，只要放寬自己的思考，答案自然能輕鬆解出。越是複雜詭譎的問題，越要從簡單的道理中找出解答的方法，越細密複雜的思考，越會讓自己纏繞糾結。

關於人生，你習慣怎麼思考看待？

凡事簡單想想吧！很多問題本來就很簡單純粹，事情本身也並不複雜，眞正複雜的是無益的想像和無謂的猜測。

有志業，就有成功的機會

因為後天環境與成長的過程不同，造就了不同的人生未來，只是結果如何真有那麼重要嗎？

現代的社會型態逐漸改變。過去，家中出一個上大學、唸碩士博士的孩子，就足以光耀門楣，少不了燒香叩拜祖先庇佑。現在，滿街都是研究生，那張文憑越來越不值錢。

在多元化的社會，讀書不再是成功的唯一出路，與其汲汲營營地埋首苦讀，不如找出自己眞正的興趣並學得一技之長，藉以開創事業，這也不失爲另一條邁向成功的道路。

清初，有一年正值科舉考試期間，一位秀才趕著到城中參加考試，偏偏在此同時，懷有身孕的妻子即將臨盆。

秀才心想：「我不能留她一個人在家，萬一臨盆，沒人照應，恐怕會一屍兩命，這眞是教人爲難啊！」

左思右想了好一會兒，秀才最後決定帶著妻子同行，心裡祈禱著孩子千萬要忍著到城裡再出來。無奈天不從人願，這一路或許太過顚簸，妻子似乎動了胎氣，行至半途，突然大喊著肚子疼。

「該不會是要生產了吧？」

聽見妻子的哭叫聲，秀才心也慌了，著急地四處尋找可以休息的地方。就在這個時候，發現不遠處有一戶人家，連忙上前敲門。原來，這戶人家的主人是賣肉的屠夫，很巧的是，屠夫的老婆也臨盆在即，幸運的秀才夫人有了現成的接生婆幫忙。

不久，屋裡傳來兩個嬰兒的哭聲，秀才的妻子和屠夫的老婆竟然同時刻都生下了男嬰，在屋外焦急等候的屠夫和秀才開心地抱在一塊兒哭了起來。

秀才向屠夫道完謝，卻不再趕考，因爲他決定回鄉好好教育孩子，讓他完成自己的志業。

時光飛逝，兩個同一時刻出生的男孩轉眼都十六歲了，秀才的兒子不負所望，果眞繼承了父業，順利考上秀才。老秀才大喜之餘，忽然想起屠夫的兒子：「我兒與屠夫的兒子是同年同月同日也同一時辰出生的，生辰八字既然相同，他想必也是個秀才囉，該去向屠夫道喜一下才對。」

想起當年收容妻子臨盆之恩，秀才準備了一份大禮趕往屠夫家，除了道謝之外，還要順便向他道賀其子「理應」高中之喜。

當他來到了屠夫家，卻見老屠夫正坐在門口吸煙，屋內有個年輕人正忙著切肉。秀才將禮物呈上，問老屠夫的兒子到哪裡去了，老屠夫指了指屋裡：「不就在那兒，哪裡也有沒去啊！」

秀才一看，吃驚地問：「他？這眞是太奇怪了，按命理說來，你兒子和我兒子生辰時刻相同，八字也一樣，理應也會是個秀才呀！怎麼會……」

屠夫一聽，搖著頭大笑道：「什麼秀才啊！這小子從小跟著我殺豬，大字也不識一個，拿什麼去考秀才啊！」

我們常說「同名不同命」，又說「同命不同運」，因爲後天環境與成長的過程不同，造就了不同的人生未來，一如故事中的屠夫之子和秀才之子。

只是，結果如何眞有那麼重要嗎？秀才或豬肉販眞有著天壤之別嗎？是秀才也好，是屠夫也好，只在要自己的人生崗位上認眞踏實，用心努力，豬肉販一樣能像秀才般受人尊重。

時代已經改變，過去萬般皆下品唯有讀書高的觀念不再，士農工商各行各業都能創造一番事業，種田打漁也能累積出非比尋常的專業。好似屠夫的大笑聲中隱含著的肯定：「我雖然沒本事提供孩子成爲秀才的環境，但至少能教給他庖丁解牛的長技。」

Part 5

用平常心看待 順境和逆境

生活本來就吉凶參半，
不要偏執於神怪預言的傳說，
也不要相信命理神算的胡謅，
許多事不是人誤而是自誤。

與人敵對，不如並肩向前

商場上，想鎖定對抗的敵人不難，但要找到合作伙伴卻不容易，與對手化敵為友，微笑爭取合作機會，是永續發展的唯一辦法。

在商場競爭中，若能多一點同理心，自然能減少一些不必要的對立與敵人。

雖然市場看似無限實則有限，沒有人不希望佔盡市場利益，但行家衆多，若是人人都想搶食這塊大餅，不知和別人分享，最後常常因爲不能平心靜氣令大餅碎裂一地，誰也吃不到。

所以，與其對立不如尋求合作關係，如此一來，大餅才有機會平均分配，才不致有人空手而回。

西拉斯在一個小鎮上開雜貨鋪，這鋪子是從他爺爺時代就開始經營的。爺爺開鋪那年，正值南北戰事最紛亂時候，當時這間雜貨鋪就是鎮民最重要的物資補給站。如今環境早已安定，西拉斯家的買賣依然公道，因而在當地信譽極佳，鎮上人們只要有需要，一定都會到西拉斯店裡買東西。

「別問我們是不會去的，因爲西拉斯一家人就像我們的家人一樣。」每當外人提問時，當地居民總是這麼回答。

西拉斯的兒子長大了，這小鋪子也要換新的接班人，但是這天卻來了個從外地來的陌生人，向西拉斯提出一個讓人難以置信的買賣。

「把你的鋪子賣給我吧！隨便你出價，無論價格多高，我都會接受。」那個陌生人十分誠懇地說。

條件很誘人，但是，西拉斯是不會答應的，因爲這鋪子不只是間雜貨鋪，不只是自己事業，還是重要的家產，更是他對鎮民們的承諾信譽。

陌生人一聽，說道：「好吧！既然你這麼堅持，那我也不勉強你，反正我已經選定了對面那幢空房子，等我重新裝潢粉修後，一定會進些最好的貨品，並以最便宜的價格和你競爭，等著吧！看來你要準備關門大吉了！」

第二天，對面空房果眞開始翻修，木匠師傅們在裡面又鋸又刨，其他工人也忙碌地進進出出，西拉斯看得心都慌了。

就在新商店開張的前一天，西拉斯坐在這間很有歷史的店鋪裡，想著：「那傢伙眞是惹人厭，眞想對他破口大罵。」

晚上，西拉斯忍不住頻頻對妻子抱怨，他的妻子連忙安撫他：「親愛的，你該不會想放火燒了那間店鋪吧？」

西拉斯咬牙切齒地說：「哼，燒了有什麼不好？」

「燒了是沒什麼不好，但是把它燒了又有何用？他們一定有保險，而且你肯定會被抓去關。」

「不然我還能怎麼辦？老婆，他是我們的對手啊！」西拉斯氣憤地說。

「去恭賀他們吧！」妻子說。

「好，就用大火來祝賀他！」看來西拉斯的情緒一點也沒被安撫下來。

妻子嘆了口氣說：「唉，你總說自己厚道又有愛心，但碰到與你切身相關的事，怎麼就又犯糊塗了呢？應該怎麼做，難道你眞的不知道？」

「這，根本是妳想得太單純了，我……我……」西拉斯似乎被妻子說動了，腦子不斷地運轉思考著。

結果，前一晚氣憤難抑的西拉斯，果眞出現在對手的店門口，不過當店家門一打開，他竟然立刻衝進去向老闆握手道賀：「恭喜您，祝您事業成功，更感謝你爲全鎭居民帶來更多新鮮的物資和便利。」

老闆想不到西拉斯竟然會有這番舉動，瞪大了眼看著西拉斯，不過旋即便與西拉斯熱烈地擁抱，全鎭人們也圍上來歡呼道：「西拉斯幹得好！」

從此以後，這兩個生意人不僅成了好朋友，更成了事業上的好伙伴。

「與其敵對，不如握手言和；與其較量，不如攜手共創雙贏！」這是西拉斯在關鍵時候的聰明領悟，更是值得我們學習的成功法則。

商場上，想鎖定對抗的敵人或許並不難，但要找到合作的伙伴卻不是那麼容易，這一點西拉斯肯定清楚，因而在有限的市場上，選擇與對手化敵爲友，微笑爭取合作機會，便成了他永續發展的最好辦法。

這辦法看似容易，其實深具智慧巧思，從原本的煩惱擔憂到大方面對，西拉斯想必反覆思考掙扎了很久。所幸，在賢妻冷靜勸說下，雖然西拉斯的不滿情緒仍在，但一夜反省讓他有所醒悟，畢竟雜貨店生意還是要繼續，與其硬碰硬，不如以柔克剛，因而我們看見他的微笑祝福。

只要彼此願意放棄對立，就能坦然爲對方思量考慮，共謀最佳獲利。

商場上不是一定要把對手逼到絕路，獨佔利益才算勝利，很多時候，能以豁然大度讓對方心服口服，反而更能穩坐市場的龍頭之位。

少一點偏見，多一點眞心相對

人和人之間真正需要的不過就是簡單的互動，一個微笑擁抱，不只拉近了彼此的距離，更拉近了願意誠懇對待的兩顆心。

想擁有好的人際關係，看待人事物就要少一點偏見，無謂的猜測更要少一些。我們既然決定與對方交往，對於友誼就不該分級處理。

友情是靠眞心護守，人脈是靠眞情累積，交友貴在眞心，只要每一次都是誠意對待，寬容接納，眞摯的朋友自然會固守身旁。

鬧鐘準時響起，本想再睡回籠覺的埃莫森，忽然想起今天必須到教堂禮拜，於是立即起床，梳洗一番後，便匆忙趕到教堂。

還好，禮拜剛剛開始，埃莫森趕緊選擇了一個靠邊的位子坐下。當牧師開始祈禱時，埃莫森也準備低頭禱告，但就在這個時候，他卻感覺到鄰座先生的鞋子碰到他的鞋子。

埃莫森忍不住看了看鄰人，卻見對方已經闔上雙眼，準備開始禱告。

此刻，埃莫森有些氣惱地想：「眞是的，他旁邊明明還有很大的空間，爲什麼非要坐這麼過來呢？還硬要碰到我的鞋子？」

「我們的父……」

祈禱開始了，但埃莫森的思緒還未定，低頭看了看鄰人的鞋子，竟是一雙又髒又舊的鞋，鞋面上還破了一個洞。

「謝謝您的祝福！」

牧師的祈禱詞已經結束，可是埃莫森的思緒還停留在那雙鞋子上，心裡想著：「這傢伙眞沒禮貌，難道他不知道要以最體面的模樣上教堂嗎？穿成這樣眞是對天父大不敬！」

禱告結束，讚美的詩歌響起，鄰座先生也跟著開心地高聲歌唱，時而還情不自禁地高舉起雙手，埃莫森見狀又有意見了，內心嘀咕著：「這麼大聲！主肯定會聽見的。」

捐獻時，埃莫森鄭重地放進自己的支票，至於鄰座先生，卻是把手伸到口袋裡摸了半天，最後才摸出了幾個硬幣，「叮叮噹噹」地放進盤子裡。

禮拜就要結束了，和平常一樣，大家要向身邊的新朋友表示歡迎，好讓他們感到教會的溫暖，埃莫森雖然對鄰座的先生有些意見，還是禮貌地轉身握住對方的手。

沒想到這個動作卻讓鄰座先生有些激動。他是個上了年紀的老黑人，當埃莫森謝謝他來到教堂時，他竟激動得熱淚盈眶：「我，我叫查理，很高興認識你，我的朋友。」

擦了擦眼淚，查理繼續說道：「我到這兒已經好幾個月了，你是第一個肯和我打招呼的人。我知道自己的外表看起來很突兀，但我真的已經盡力了，其實，今天我很早就起床，把鞋子擦得乾乾淨淨，怎知走到這兒時竟成了這副骯髒的模樣！」

埃莫森聽得有些心酸，抬手拍了拍他的肩膀，接著查理又向埃莫森道歉：「不好意思，我剛坐得離你太近了。當你到這裡時，我應該先用和你打個招呼，但是當時祈禱剛好開始，於是我想，如果鞋子相碰，也許我們就可以心靈相通，這算是一次非正式的問候吧！」

埃莫森一聽，只覺滿心慚愧，點了點頭說：「是的，你的鞋子觸動了我的心，現在我更知道，一個人最重要的是他的內心，不是外表。」

大多數人其實和埃莫森一樣，經過環境磨練後，心胸不僅沒有擴大，反而更加銳利，看待周邊的人事物不只少了寬容接納，更少了誠懇對待。

外表的殘破與缺陷不僅可以替換，更容易修補，唯獨內在，一旦殘破不全，想要縫補完整並不是件容易的事。一如埃莫森晨起時的情緒，因爲心中有缺，所以勉強走進教堂的他，仍無法讓自己的心平靜下來，滿眼偏見，處處盡是惡人，包括坐在他身邊的查理。

聽著查理感嘆人們的歧視偏見，也不經意直指埃莫森曾有的嫌惡心態，這不僅讓埃莫森感到羞愧，也讓曾經有過相似偏見的我們，深爲自己的傲慢態度感到慚愧。

「鞋子相碰時，也許我們就可以心靈相通！」一句厚實而溫暖的話語，正代表了人和人之間眞正需要的，不過就是這麼一個簡單的互動，一個握手，一個微笑擁抱。這些舉動，不只拉近了彼此之間的距離，更拉近了願意誠懇對待的兩顆心。

你對此羨慕不已嗎？那麼，就試著放下心中的偏頗，請採取行動，在別人還未張開雙手之前，不妨先主動伸出手，給對方一個幸福的擁抱！

有體貼的心，才能贏得人心

對人要多一點體貼，處世要多一點包容，與人相處本該互敬互助，只要我們懷著敬人之心，對方自然也會看重你。

為人處世最重要的一件事是「放下自己」。有了體貼的心，才能贏得人心，誠如法國作家昂蘇爾．瑪珂里所說的：「只有肯定別人的價值，別人才會對你有恰當的評價。」

想知道自己在對方心裡的重量，我們只需要問問，自己把對方看得多重要，如此一來自然能得到你想要的答案。

人和人之間確實就是這麼簡單，只要懂得「敬人者人恆敬之」的道理，再複雜的關係最終還是會得到簡單的解答。人際交流就像打球，只要認眞誠懇且不分心，自然就不會失手。

有一批應屆畢業生被帶到某實驗室參觀實習，學生們正坐在會議室裡等待主管到來，這時秘書先爲大家倒水，同學們全表情木然地看著她，還有人不客氣地問：「有冰的嗎？天氣實在太熱了。」

秘書說：「很抱歉，這裡沒有冰開水。」

小朋看見同學這麼沒禮貌，心裡有些不悅地想著：「人家倒水給你，竟然還挑三揀四的。」

輪到他時，小朋笑著對秘書說：「謝謝，辛苦了。」

秘書看了他一眼，微笑地點了點頭。

這時，門開了，實驗室主管走了進來，主動和大家打個招呼，但不知道是否因爲天氣炎熱再加上舟車勞頓，同學們竟全部靜悄悄的，沒有一個人出聲回應。

只見主管左右看了看，這時小朋急忙拍了拍手，同學們這才稀稀落落地跟著拍起手來，但因爲一個個看起來都是心不甘情不願的，所以掌聲聽來十分凌亂且不誠懇。

見了這種情景，主管揮了揮手，說道：「歡迎同學們到這裡參觀，這裡平時都是由一般辦公室負責接待，不過，因爲我和你們的導師是老同學，所以這次由我親自來爲大家介紹。我看同學們好像都沒有帶筆記本，王秘書，妳去拿一些紀念手冊送給同學們。」

接下來，更尷尬的事情發生了，當主管親自分發紀念冊時，同學們的屁股像是沾了強力膠一樣，一個個全端坐在椅子上，只是很隨意地用一隻手接過部長雙手遞送的手冊。

只見部長臉色越來越難看，幾乎就要按捺不住心中的脾氣了，直到他走到小朋的面前時，小朋先是禮貌地站了起來，然後鞠了個躬，並用雙手接過手冊，當然「謝謝」也沒有忘記。

部長聽到小朋的謝謝時，立即換成一張溫和的臉，忍不住拍了拍小朋的肩，問道：「你叫什麼名字？」

「王小朋！」小朋爽朗地回答。

主管微笑地點了點頭，導師看到這個情況，總算鬆了一口氣，至少還有小朋幫他撐住面子。

兩個月後，畢業分配表上，小朋居然已經有了工作，上面寫著的地點正是上次去參觀的實驗室，有幾位同學很不滿地質問導師：「他憑什麼？」

「這是對方點名要的，他憑的正是好修養！」導師說。

想要獨樹一格吸引別人注意，便要保有自己的個人特色，但遺憾的是，有人把自認灑脫的行事作風，看似大展自信，實則錯把傲慢當瀟灑，把冷酷當率性，甚至有人將踰矩失儀當成是展現自我，當別人出聲糾正時，還責怪人們不懂得欣賞。

仔細想想，這些表現真的能展現個人特色嗎？

看著小朋友體貼感謝、禮貌回應，相較於其他同學們的傲慢和自以爲是，聰明人自然一眼就猜出誰將是可塑之才。

有體貼心思最能得人心，這項重要的人際道理相信沒有人不明白。放下傲倨的心態，一句「謝謝」並不難說出口，說聲「辛苦了」也絕非難事，對人要多一點體貼，處世要多一點包容。與人相處本該互敬互重，只要我們懷著敬人之心，對方自然也會看重你，機會也會在不知不覺付出的同時，慢慢向你靠近。

話不說滿，才有空間轉寰

表現關心，不是非得叨唸不停，就好像平時的人際交流，話多不見得能拉近彼此的距離，有些時候反因聒噪而使人退卻。

待人誠懇固然是好的，但很多人不論對任何人總是掏心掏肺，往往算不準表現時機，只是添人負擔，也白費了當初付出的心思。

事實上，不是每個人都承擔得起滿腔熱情，更不是每個人都能承受如此的坦率直言，所以，若能多留一句話不要說出口，有些時候反而能少一點誤解，多一點諒解。

當你滔滔不絕地表達自己的「眞知灼見」之時，千萬要記住美國作家霍姆斯說過的這段話：「講話就如同演奏豎琴，既需要撥弄琴絃奏出聲音，也需要按住琴絃不讓它出聲。」

「給我兩個半熟的蛋，一份法國土司和馬鈴薯鬆餅，然後再一杯咖啡和新鮮柳橙汁。」尼古拉一口氣點了不少東西，因爲剛剛運動完，耗盡了熱量，肚子正餓得發慌。

侍者重複了一次，尼古拉點了點頭，便催促著他：「快去準備吧！」

尼古拉剛打開報紙，咖啡便端來了，侍者親切地說：「請用咖啡。」

正當尼古拉準備舉杯喝下時，侍者忽然說：「等等，有件事要提醒您，對不起，這是衛生署堅持要我們提醒顧客的。請記得，每天不得喝三杯以上的咖啡，因爲那會增加罹患中風和膀胱癌的機率。雖然，我們精選了低咖啡因的豆子，但食品和藥物管理局仍要求我們說明，因爲無論產品如何，生產過程中可能還是會殘留微量的致癌物。」

尼古拉繃著一張臉，看著這位熱心的侍者，耐心等他說完並在杯子裡倒入咖啡後，這才不悅地說：「謝謝！」

等侍者再端來其他餐點時，尼古拉斯差不多看完半份報紙了。

「這是您的雞蛋，因爲您希望半熟，可是沒有熟透恐怕會含有沙門桿菌，會有食物中毒的可能。還有，蛋黃含有大量的膽固醇，是誘發動脈硬化和心臟病的危險物，因此，心血管醫生協會主張每人每星期最多只吃四個雞蛋，特別是吸煙者和胖子更要小心謹愼。」侍者還沒等尼古拉回應，便一口氣將這些「重要知識」說給尼古拉聽。

至於尼古拉，聽完侍者的解說，只覺胃部一陣不舒服。

就在他準備感謝他的叮嚀時，侍者忽然又繼續說：「馬鈴薯！它的外皮若出現青色斑塊，就可能含有一種叫龍葵鹼的鹼毒素，醫學報告書上說這會引起嘔吐、腹瀉和噁心。不過，您放心，我們選材十分小心，即使眞的出事，我們的供應商已答應會承擔起一切責任。」

尼古拉一聽，苦笑著說：「這些應該不會降臨到我頭上。」

侍者點了點頭，但似乎還沒說完：「這鬆餅雖含有豐富的澱粉、蛋白質以及油脂，但缺乏纖維素。營養師警告，低纖飲食會增加罹患胃癌和腸癌的機率，麵粉則可能含有微量的麥角素，會引起幻覺、驚悸和動脈痙攣……」

「先生，那麻煩您先送柳橙汁給我吧！」尼古拉忍不住插話。

「是，這鮮柳橙汁是我們早上六點前榨的……」

侍者停了下來並看了看手錶，尼古拉還以為他終於說完了，沒想到緊接著又開口：「現在是八點半，因為食物藥品管理局前不久指控一家餐館，把放了三、四小時的鮮橙汁說是新鮮現榨，在那件案子裁決前，我們準備了一份放棄追究聲明書，麻煩您仔細閱讀，假如沒有異議，便在這兒簽名。」

尼古拉看也不看，便直接在簽名處填下他的名字，只見侍者小心翼翼地把它附在帳單上，尼古拉心想應該結束了，於是伸手準備取杯子。

這時候，侍者卻又攔住他：「還有一件事，消費安全組織認定您使用的叉子太尖太鋒利，所以，請您務必小心使用，祝您用餐愉快。」

侍者終於走開了，尼古拉總算鬆了一口氣，但是，當他準備享用他的早餐時，卻發現早都冷了，不禁胃口盡失：「天啊！這眞不知道該怎麼感謝他的好心叮嚀。」

饑腸轆轆的尼古拉與滔滔不絕的服務生，想必引得不少人笑聲連連。這種場景在現實生活中恐怕不多見，不過換個角度想，如此專業的服務表現實屬難得，姑且不論時機是否適當，但如此詳細叮嚀、嘮叨關心，在我們身處的這個冰冷的生活環境，或許能帶給人們不同的感受。

當然，表現關心不是非得叨唸不停，以文字告誡或許更能讓消費者感受其中的用心。

就好像平時的人際交流，話多不見得能拉近彼此的距離，有些時候反因聒噪而使人退卻。

朋友相交需要保持一定的距離，只要誠意相交，無語也能感受眞心。坦白直言雖然利多於弊，但率直眞話說過了頭卻也容易失言，所以好話醜話不必說滿，要懂得聰明地「留半句」，不僅顧全他人面子，也爲自己留餘地。

只要確定方向，繞道又何妨？

只要目標明確，路走得曲折又何妨？不必偏執於計劃中的直線道路，只要不放棄，迂迴繞道也一樣能走到夢想中的目標。

作家海明威曾經在名著《老人與海》裡勉勵我們：「只要你不計較得失，人生還有什麼不能想法子克服的？」

身陷困境低潮中，只要能積極作爲，所有阻礙都不會是問題。只要放下患得患失的思緒，懷抱著希望，即使遭遇再多困厄，也帶不走我們的機會。不必擔心路途遙遠，只要目標明確，多運用勇氣和智慧，下定決心面對，一定能想辦法走出難關。

有一條河流從遙遠的高山流下來，沿途經過了無數村莊和森林，蜿蜒曲折，最後來到一個沙漠。

河流想著：「我已經越過了重重障礙，絕對不能讓這個沙漠阻礙我的步伐！」然而，當它決定一鼓作氣越過這個沙漠時，卻發現河水慢慢地消失在沙漠中。它一次又一次試著向前進，卻都徒勞無功，最終灰心地說：「唉，這眞是不可違逆的命運，我永遠也到不了傳說中的浩翰大海了。」

忽然，在它周圍響起了一個低沉的聲音，「微風可以跨越沙漠，河流當然也能，你爲何不努力再試一試？別這麼輕易放棄！」

河流循聲望去，卻是沙漠的聲音，這讓河流很不高興：「微風可以飛過沙漠，但是我不行的，我無法和它相提並論，我會被你一點一滴地吞噬，如果我再繼續嘗試下去，很快便會消失了。」

「朋友，請聽我說，你必須讓微風帶著你飛過這個沙漠，到達你的目的地，只要你願意放棄現在的模樣，讓自己躲進微風中，乘著風，就能越過沙漠。」沙漠低沉地說。

「放棄我現在的樣子？那不是將消失在微風中？不行，我不能消失！」河流似乎仍不明白，於是沙漠又說：「微風可以把水氣包住，然後帶著你飄過沙漠，到達適當的地點之後，再把水氣釋放出來，那就是你所熟悉的雨水，然後這些雨水便會再次形成河流，繼續向前流去，到達任何你想去的地方，明白嗎？」

「那樣一來，我還會是原來的河流嗎？」河流問道。

「可以說是，也可以說不是，這得看你怎麼面對這件事情。我的朋友，不管你是一條河流或是看不見的水氣，都要記住一件事，在這個過程中，你的內在本質從未改變，只要你堅持不讓它變質，就還是原來的河流！」

河流聽到這兒，忽然想起自己變成河流之前，似乎也是由微風帶著飛往某個山腰，然後變成雨水落下，才成爲今天的河流。於是，河流點了點頭，鼓起勇氣投入風的懷抱中。

我們的生命歷程不也正像小河流一樣，想要跨越生命中的障礙，突破眼前的難關，很多時候需要的不只是決心和勇氣，還要有放下執著的智慧。

未來是個未知領域，我們雖然無法預見明天的世界，但這無礙於我們前進的腳步。即便無法改變環境，我們也要像沙漠所要表達的：「積極改變，然後便會看見轉機和轉變。」

流水穿不過沙漠，就轉化成爲雲雨飄向大河，若是眼前阻礙重重，就轉彎尋找另一條出路。

只要目標明確，路走得曲折又何妨？

不必偏執於計劃中的直線道路，只要不放棄，迂迴繞道也一樣能走到夢想中的目標。

彼此尊重，才有良好互動

與其騎著跛驢一路跌跌撞撞，不如耐心找匹屬於自己的良駒，如此方能一路順暢地直奔夢想的終點。

無論在職場還是生活中，人們總習慣要求別人，卻忽略了自己應盡的責任。最常見到的是，不少人都要求夥伴忠誠眞心，但自己表現出來的卻是一派漫不經心，對夥伴的態度更是讓人心寒。

自己做不到的事，又怎能要求別人非得要做到呢？

每個人都希望被尊重，在職場上與其尋覓一個天才，不如找一個認眞忠心的人才，只是，在要求別人誠懇對待時，也應當反思自己是否願意付出同等的包容與誠意相待。

有間公司要招聘一名總經理特助，年薪約四十萬。招聘過程中，第一關由人事主管面試，小王在這項考驗中脫穎而出，接下來由總經理親自面試。

總經理先是和他進行長達一個小時的面談，沒想到小王竟能從容應對，對經營方針、內部管理、新品開發等方面都侃侃而談，總經理相當認眞地聽著，還不時點頭讚許他的論述，顯然很欣賞小王。

「很好，你講了這麼久，口一定渴了吧！我也有些口渴，麻煩你去幫我買兩瓶礦泉水來。」說著，他遞給小王一張百元大鈔。

小王到福利社那兒買了兩瓶礦泉水，然後還把剩下的錢一分不差地交給總經理。小王心想，這應該也是考試的測試內容之一。

眞如小王猜想的，總經理打開一瓶礦泉水：「這是今天測試的最後一道題目，你給我極佳的印象，只要這最後一道題目，你能給我滿意的答案，那麼你便通過今天的測試。這道題目是這樣的，假如這兩瓶水中有一瓶被人下了毒藥，當然目標是針對我，要是我命令你先嚐一嚐，你會怎麼處理？」

小王毫不考慮地說：「你是想測試我對公司和您的忠誠度吧？我知道，也許我嚐了你就會錄用我，但事實上，我是不會喝的，雖然我很想得到這份工作，但是我認爲這個問題是對我人格的一種污辱。」

總經理一聽，怒斥道：「你說什麼話，這次來應試的人有好幾千個，別說喝有毒的礦泉水，就是要他們吃屎，我相信他們也肯吃。」

沒想到小王竟正色道：「總經理，我認爲您剛剛說的話與您的身份地位很不符，對不起，今天的測試就在這裡結束了吧！」

說著，小王便起身準備離去，沒想到這時總經理卻笑著說：「請原諒我的無禮要求，剛才其實只是個測試，我極欣賞你的反應和品格。坐吧！你已經通過測試，恭禧你。」

但是，小王這會兒卻毫無喜悅的神色，回答說：「我認爲招聘是雙向的選擇，雖然您對我的測試通過了，但我對您的測試卻沒有通過，對不起，您不是我所盼望的老闆，再見！」

聽見總經理的無理要求時，你是否會和小王一樣嚴正拒絕並指正對方的錯誤，還是會爲了獲取工作機會而委屈一試？

其實，就求職者來說，無論選擇什麼樣的應對反應都沒錯，因爲職場上確實不乏有心爲難且惡意刁難的人，面對這樣對人不夠寬厚，甚至連自己的情緒都控制不住的人，一如小王所表現的，我們確實沒必要委身屈服，只要眞有能力，一定會有更好的機會。

小王說的沒錯，招聘是雙向選擇，主管想找一個忠誠不二的員工，員工則想找一個能誠懇相待的上司，伯樂與良駒不是一個願打一個願挨，而是要能充分尊重彼此的心意，願意誠懇無私地互動。

對方若非誠懇求才，我們也無須費心。與其騎著跛驢一路跌跌撞撞，不如耐心找匹屬於自己的良駒，如此方能一路順暢地直奔夢想的終點。

別從他人的眼中尋找自信

不少人因為太在意別人的眼光，讓自己經常忘記生活中更重要的事，又因為好揣想他人的想法，讓自己始終無法掌握自信。

高爾夫球名將老虎．伍茲曾說：「別去管別人的期待，只要過自己應該過的生活，那麼你就會活得很快樂。」

懂得放下偏執的期待，通常是我們活得快樂的最重要因素，因爲，偏執的期待，往往是我們做不到的事，既然明知做不到，那麼又何必讓自己陷入這種無法達到的痛苦和挫折之中呢？

不要再試圖從別人的眼中觀察自己的影像，因爲，沒人能透過他人的眼神看見眞正的自己！

同樣的，別再等待著人們開口給你評價，只要願意支持自己，也願意給自己肯定的鼓勵，任何人都能給自己更高分的評價。

羅勃茲是個又矮又胖的女人，在這個強調身材姣好、臉蛋漂亮的年代，羅勃茲如此穩重的身材並不容易吸引人們的目光，甚至有美容師建議她多花點錢好好美容整形一番。

對此，羅勃茲總是堅定拒絕，因爲她並不爲以貌取人的社會煩惱，總是笑著面對這一切，臉上的自信坦然更是強烈地感染著每一個認識她的人。

在報社工作的她，經常有機會到世界各地旅行採訪，有次被派到米蘭仔細記錄賽事，未料到了現場，卻被一個畫面吸引，完全忘記球賽這件事。

那是一個比她還要矮小肥胖的女人，穿得十分體面，頭戴高帽子，佩著粉紅蝴蝶結的晚禮服，戴著純白長手套的手中拿著一根尖頭手杖。

當她優雅坐下時，卻不小心讓手杖的尖端戳進椅子旁的細縫，手杖戳得很深，她本想優雅地抽出，卻怎麼也抽不出來，只見她越拔越用力，羅勃茲甚至還發現，女人的眼裡似乎含著惱怒的淚水。終於，她拔出了那根手杖，但卻因爲用力過猛而跌得四腳朝天，羅勃茲望著她滿眶難堪的淚水，深刻地感受到這女人的尷尬與痛苦。

「唉！」羅勃茲嘆了口氣，因爲她記起自己曾遭遇過的相同經歷。那時她還不明白「沒有人會在意你的尷尬」的道理，她當時也十分在意自己的表現，非常擔心人們怎麼看待她，又會怎麼把她想成什麼模樣。

「其實，人們都是看過就忘，根本沒有人會記住妳剛剛的糗樣啊！」朋友曾經這麼勸她。

羅勃茲早已經領悟了這個道理，特別是看到這個傷心的女人後，更深刻地體會到：「大家專注於球賽，賽事結束後，人們只會記得球場上的精采畫面，根本沒有人知道她曾經發生什麼事。說不定，還有人以爲，她是爲那精采的一球，興奮得跌坐在地上的。」

「做你自己，不管他人怎麼看、怎麼想，如此，你才能擁有自在快意的生活！」這是羅勃茲不斷從生活中觀察體會所得出的結論，不知是否也啓發著你，重新面對未來的新生活？

看台上，女人從優雅的雲端跌落困窘的深淵，原本的滿腹傲氣都被自卑取代，女人的身影，深刻啓發羅勃茲對自我肯定的確立：「不多想別人怎麼看待自己，要誠實地面對自己的優缺點，快樂做自己！」

的確，不少人因爲太在意別人的眼光，讓自己經常忘記生活中更重要的事，又因爲好揣想他人的想法，讓自己始終無法掌握自信。其實，眞的不需要費心思考自己究竟給人們留下什麼樣的印象和觀感，只要能面帶自信，自在地表現自己，自然能展現最好的一面。

只要轉念思考，就不被問題難倒

只要我們不鑽牛角尖，無論遇到什麼樣的難題，只要懂得轉個彎思考，事事都能聰明變通，總會找到解決的辦法。

許多人常把難題越想越困難，把麻煩越看越嚴重，即便只是小問題，也要胡亂猜想其中的難度，或鑽牛角尖探測其中深度，殊不知，眼前的阻礙往往只要一個跨步就能走過。

其實，每道難題都一定有辦法解決，只是因爲能力與才智的差異，所以每個人找出答案所耗費的時間不同，但無論如何，遇到難題時，務必要充滿自信地對自己說：「別擔心，所有問題都有解決辦法！」

佛朗西斯大步走進銀行的貸款部，然後大方坐了下來，與此同時，部門經理微笑上前問候：「請問，有什麼需要我幫忙的嗎？」

「是，我要貸款。」佛朗西斯說。

經理一聽，連忙說：「好的，不知道您要貸多少錢？」

他之所以這樣熱情，那是因爲看到佛朗西斯一身名牌，心想他會是個大客戶，但接著佛朗西斯竟然說：「一美元。」

「啊！一美元？您剛剛是說一塊美元嗎？」經理還以爲自己聽錯了，趕忙再問了一次。

「沒錯，一美元，不可以嗎？」佛朗西斯問。

經理連忙說：「當然可以，只要有擔保，無論您要貸多少都可以。」

「要擔保嗎？這些東西的總價値約有五十多萬美元，應該夠了吧？」只見佛朗西斯從皮包裡取出一堆股票、國債等擔保品。

「這當然沒問題，不過，您真的只要貸一美元嗎？」經理又問了一次。

「是的。」看佛朗西斯如此肯定，經理只好立刻為他辦理貸款手續。

「先生，年息為百分之六，只要您能按時支付利息，一年後歸還本金，我們就可以把這些股票還給您了。」經理詳細地說明。

佛朗西斯點了點頭：「好，沒問題。」

這時銀行主管正巧經過，他一直在旁觀察，這個情況讓他頗感到困惑，因而決定上前問個清楚：「先生，請留步。」

「有什麼事？」佛朗西斯問。

「對不起，我是這裡的主管，這件事讓我有些困惑，為何您擁有五十萬美元以上的財富，卻只想貸一美元呢？如果您想貸四十萬美元，我們也願意……」銀行主管說。

「不必了，好吧！我老實告訴你，我是來貴地做生意的，因為隨身攜帶這麼多錢實在很危險，於是想找個地方存放起來。我原本想租個保險箱，但你們這兒的租金都太貴了，所以我想了想，貸款寄放這些股票倒不失為一個好辦法，算一算是不是很便宜呢？」佛朗西斯得意地笑著說。

主管聽了，也笑著點頭說：「是！」

想解決生活中的困難，不也可以像故事中的佛朗西斯一樣，既然舊的方法行不通，那要轉個彎思考，也許就能從舊方向中找出新思路，然後輕鬆解決眼前的難題。

只要我們不鑽牛角尖，無論遇到什麼樣的難題，只要懂得轉個彎思考，事事都能聰明變通，總會找到解決的辦法，沒有什麼事能困得住我們。

仔細研究那些看起來無所不能的人，多數人並不比他人聰明，但是他們總能忘記煩憂，不讓自己一直困陷在難題中。

積極樂觀面對所有難題，然後運用機智變通尋找方法，若道路不夠寬，就把大車換小車，不也一樣能暢快穿梭，而且行動起來反而更加便捷，甚至更有助於我們朝著未來目標加速進展。

用平常心看待順境和逆境

福禍經常相依，好壞也經常是一體兩面，唯有懂得往好處想，才能看見光明面向，也才能用平常心面對人生的順境和逆境。

人的一生不可能永遠平靜無波，生活總會有順有逆，練就豁達的人生態度，培養開闊寬恕的心境，逆境中就能看見希望，困厄中也能微笑面對。

今日難料明天事，今年難測來年勢，問天問地不如多問自己，未來該怎麼面對，又該如何應對。

凡事操之在己，即便災禍頻近，只要我們願意懷抱著樂觀希望，那麼神算也會因爲你而失算。

有個宋國人很喜歡仗義疏財，但自己卻過著極爲儉樸的生活，遇到大壞蛋他也會挺身教訓對方，認識他的人個個誇讚。不過，每當聽見讚美，他總是謙虛地說：「我只是做了我應該做的事。」

他家裡養了一頭黑母牛，幾年來都不曾生過小牛，這年忽然生下一頭小白牛。家人們非常驚慌，便去請教孔子：「爲何黑牛居然生了一頭白牛？」

沒想到孔子聽完後卻說：「恭禧你們，這可是天降祥瑞，你們快回去殺了牠祭神吧！感謝上蒼爲你們家賜福。」

聽孔子這麼說，這家人個個深信不疑，於是遵照孔子所說的辦了。

可是沒想到，不久後家中的老父親卻雙目失明了，於是一家人全都埋怨起孔子，說他胡說八道：「什麼祥瑞，這根本是天降大禍啊！」

又過了兩年，這頭黑牛又生了一隻小白牛，一家人又慌了，這時老父親還是堅持：「去請教孔子吧！怎麼說他都是個聖人。」

但是，兒子說：「父親，我們已經被孔子騙了一回，你還相信他？」

父親點點頭說：「這種事難免會有出錯的時候，更何況聖人所說的話往往一開始是不會應驗的，必須經過很長時間才能得到印證，那是其實還沒得到結果呀！你再去問一次吧！」

兒子不敢違逆父命，於是又到孔子家中問「小白牛」的吉凶，這回孔子仍說：「這是個好兆頭啊！是老天爺再次降祥瑞給你們，快回去把牠殺了祭天，相信一定會有好結果的。」

兒子一聽，頗為無奈地回到家中，告訴父親孔子的「祥瑞」之說：「父親，答案還是一樣，我們殺了牠嗎？」

父親點了點頭說：「那就照孔子的話去做吧！」

於是，這家人又把小牛殺了祭天，沒想到之後沒多久，兒子的眼睛居然也無緣無故地瞎了，這會兒全家人紛紛譴責「孔子誤人」，決定從此再也不相信他的話了。

直到楚國攻擊宋國那年，這事才有了結果。那年宋國四處徵召年輕力壯的男子上戰場，但楚軍兵強，不僅佔了宋國大片土地，更殺了不少宋兵。那對父子因爲失明沒被徵調上戰場，平安渡過可能命喪戰場的險境。

福禍經常相依，好壞也經常是一體兩面，唯有懂得往好處想，才能看見光明面向，也才能用平常心面對人生的順境和逆境。就像故事中的父子，若不能樂觀看待生活，不過是讓自己徒陷孤獨苦困。

生命是時間的累積，看盡人生變化後，更應該懂得世事難料的道理，無論事情的結局如何，都要放寬心念，以平常心看待人生的各種變化。

是的，生活本來就吉凶參半，好事壞事也常常接踵而至，不要偏執於神怪預言，也不要相信命理神算的胡謅，生活本來就得靠我們自己把握，儘管世事變動不羈，但是我們的心態可以決定事情的好壞。

想減少災難危機，除了要自己步步謹慎小心之外，還要樂觀看待任何事情，如此一來才能滿懷自信地走過難關，轉禍爲福。

Part 6

你可以選擇讓自己更快樂

人生是無比寬闊的，
被否定的時候，
別抱著「失敗」的心態繼續前進，
而是轉個彎或者回頭重新開始，
你才能快樂地享受成功的甜美滋味。

做自己，最美麗

放下外表的迷思，一個人的價值，並不能從別人的眼光裡獲得，而是要先自我肯定之後，才能獲得別人的認同與讚美！

沒有人需要長得與別人一樣！

當許多人抱著明星的臉譜，努力修整自己的臉孔時，這已經不再是「身體髮膚受之父母」的問題，而是「自我價值」的嚴重迷失了。

一個懂得疼惜自己的人，是不會受外在形貌所困擾，更不會爲了獲得別人的肯定，而讓自己受這些無謂的皮肉痛。

當妳想動刀之前，請想想蘇菲亞．羅蘭說的這句話：「爲什麼我一定要長得和別人一樣？」

蘇菲亞．羅蘭是義大利著名的演技派影星，自從一九五〇年進入影壇後，拍過不少著名的影片，精湛的演技讓她在一九六一年，獲得奧斯卡最佳女演員的殊榮。

爲了一圓明星夢，蘇菲亞．羅蘭在十六歲的時候便一個人來到了羅馬。認眞積極的她，不僅沒有錯過任何試鏡的機會，還曾獨自一個人到各個電影公司自我推薦。然而，不管她多麼努力地表現演技上的實力，大多數人卻只針對她的外貌下評論，嫌她的個子太高，臀部太寬，鼻子太長，嘴巴太大，下巴太小，認爲她一點也不上鏡頭，更沒有義大利演員的獨特風采。

雖然多數人都不看好蘇菲亞，然而製片商卡洛卻獨獨看中了她。卡洛帶著她到處試鏡，爲她尋找演藝出路，但是，仍常常聽到攝影師們抱怨說：「她的鼻子太長了，臀部也太豐厚了，實在無法拍出美艷動人的照片。」

卡洛聽多了之後，便對蘇菲亞說：「如果妳想從事這一行，那麼就去整一整鼻子與臀部吧！」

但是，蘇菲亞卻堅決反對，拒絕了卡洛的要求。她對卡洛說：「為什麼我一定要長得和別人一樣呢？鼻子是臉部的中心，它賦予了我五官上的性格，所以我喜歡我的鼻子，我一定要保持它的原狀。至於我的臀部，那也是我身體的一部分，總之，我就是要保持我現在的模樣。」

蘇菲亞堅持不靠外貌吸引人，而要靠自己的內在氣質和精湛的演技來取勝，於是，堅強的蘇菲亞．羅蘭並沒有因為人們的議論而停下腳步，反而更加緊了前進的步伐。

最後，她終於成功了，而她身上的「長鼻子、大嘴巴與寬臀部」，後來反而成了美女定義的新標準。在二十世紀結束之時，蘇菲亞．羅蘭更被視為該世紀「最美麗的女性」之一。

在瀰漫整容風氣的今天，能夠像蘇菲亞．羅蘭一樣，對自己的外貌充滿自信，並堅持以「實力」取代「外貌」的人已經不多了。從蘇菲亞．羅蘭改變義大利，甚至改變全世界的美女定義之中，我們可以看見蘇菲亞的自信與執著，她不僅改變了別人的想法，更讓自己成爲流行時尚的軸心，讓世界跟著她轉動。

當妳準備追隨流行，把自己初生的形貌，改得面目全非之前，何不先仔細地對著自己看一看，仔細地想一想，妳除了對「外在的形貌」較有信心之外，妳還能擁有哪些改變？

在工作上會變得更有實力？還是只聽到人們對妳外貌的讚美，給妳的機會仍然是零？

放下外表的迷思，一個人的價値，並不能從別人的眼光裡獲得，而是要先自我肯定之後，才能獲得別人的認同與讚美！

技術高明不如態度正確

不管你的天分有多高，如果你的雙眼只放在頭頂上，那麼再適合你的工作機會，也要奪門而逃。

你是一個喜歡賣弄學識的人？

還是個習慣謙虛不求表現的能人？

沒有人喜歡與高傲的人爲友，因爲與驕傲自大的人在一起，總是充滿著敵對與不安，一不留神就會因爲摩擦而迸出火花。

但是，每個人都喜歡與謙遜的人在一起，因爲，謙卑的人大多滿腹經綸，而且不吝於指導他人，與他們在一起，生活才能充滿平和與成長。

城牆上的佈告欄上，有一張公告寫著，國王準備徵選一名可靠的駕駛，為國王駕駛馬車。

於是，許多人前去應徵。經過層層的測試與篩選，面試人員最後選出了兩位非常傑出的人才，由國王親自測驗他們，並挑出最可靠的人選，為自己服務。

這天，國王帶著他們，來到了一個緊臨懸崖又有急彎的道路。

身為主考官的國王，立刻要求其中一位上車實際操作：「這是條十分危險的道路，你先來駕駛看看！」

這位先被點名的選手，自信滿滿地說：「沒問題，看我的！」

只見他熟練地吆喝著馬兒，揮鞭急駛，以最快的速度，一下子就轉過急彎，一點也沒有被身邊的懸崖所影響，高超的駕駛技術，讓他贏得了如雷的掌聲與喝采！

接著，國王請另一位參選者上場：「你也來試試！」

出乎意料地，這位選手居然下車牽引著馬匹，十分緩慢地前進，小心翼翼地走過了這個危險的地段，然後再快速地前進。

測驗結束後，大家都認爲第一位選手的駕車技術最好，一定會被錄取，但是，國王的最後選擇，卻是小心翼翼的第二位選手。

如果你是國王，你會選擇在危險的地方要弄技術的駕車高手，還是選擇行事穩健而安全駕駛的司機？

由此可知，一個人的能力與才華或許很重要，但是如果你的工作態度不佳，仍然只能算是庸才一個！

不管你的天分有多高，如果你的雙眼只放在頭頂上，那麼再適合你的工作機會，也要奪門而逃。

技術高超不如觀念正確，畢竟能夠考量「安全」的人，通常也代表他的心思較爲細膩，應對時會有更周詳的考慮。

至於那些只重視技巧表現或是賣弄小聰明的人，往往好高騖遠，不會有周全而寬廣的視野。

養成正確的想法與態度，才能使你獲得最大的助益。

不要再埋怨別人爲什麼不用你，也不要一味怪罪環境和景氣。

試著改變自己的想法，建立正確的態度，客觀審視自己，永遠懷抱希望，才有助於自己走好往後的人生旅程。

你可以選擇讓自己更快樂

人生是無比寬闊的，被否定的時候，別抱著「失敗」的心態繼續前進，而是轉個彎或者回頭重新開始，你才能快樂地享受成功的甜美滋味。

被否定了一次，便讓你的人生一蹶不振了嗎？

該放下的時候就放下，不要讓過去的陰影停駐心底，因爲，不管成功或是失敗，都只是人生的一個過程。

繼續前進時，要淡忘成功的美味，因爲接下來面對的不一定是一帆風順；跌倒爬起來後，要忘記失敗的恐懼，因爲人生不會永遠不如意。

有一位心理醫生曾經輔導過一個案例。

某天，他對一位建築工人進行心理諮商，他從事這一行已經許多年了，還曾經為曼哈頓的摩天大樓付出過不少心力。

但是，工作了這麼多年，這位建築工人卻一點成就感也沒有，相反的，卻很恨自己，甚至還曾經想從工地的高樓上跳下去，一死了之。

為了幫助他，醫生開始問他過去的生活。

他說：「我這一生，好像都會有擺脫不了的煩惱。」

原來，在他小的時候，老師曾經說他很笨，從此之後，他就忘不了那句話了。於是，他開始對自己生氣，學習成績一落千丈，許多功課都不及格，課業慢慢地越來越落後，最後他便以逃學，來逃避這一切。

而他也開始認為自己是個「失敗者」，不管做什麼都不會成功，但是很矛盾的是，他卻一直都有不錯的成就與發展空間。

當士兵時，他打過勝仗，在建築業蕭條時，他當上了建築工頭，如今結了婚，有了五個孩子，家庭幸福美滿。

醫生仔細地聽完他的描述後，說道：「你應該這樣問自己：『我爲什麼就不能失敗呢？』每個人都會遭遇失敗，而且，你更應該看看自己成功的一面，仔細回顧你的人生，看看你自己取得的成績。這些年來，你不僅工作穩定，還是社會上不可多得的人才，如今家庭美滿，孩子們都長大成人，你用自己的辛勞支持他們，看著他們成長，這不是成功又是什麼呢？」

建築工人點了點頭，臉上掠過一絲幸福的微笑：「是啊，我真的從來沒有這麼想過。」

醫生說：「別再想著失敗了，現在的你有那麼多的成功事項，多想想這些成功吧！那麼你就會知道什麼叫享受，你的笑容就會越來越多。」

你可以選擇快樂的生活，過去的就讓它過去吧！

很多人就像這位建築工人一樣，被魚刺卡住喉嚨一次，就再也不願品嚐魚肉的鮮美，這樣，值得嗎？

很多人也像這個工人一樣，否定的暗示力量雖然糾結在心中，但是他們的生活卻沒有因此退縮、逃避，生命仍然繼續前進，所以，能夠突破每一次失敗的瓶頸。

遺憾的是，他們卻在成功之後選擇讓自己不快樂，矛盾地否定自己的成功。

人生是無比寬闊的，被否定的時候，別抱著「失敗」的心態繼續前進，而是停下腳步，讓自己的想法轉個彎，或者回頭重新開始，忘記失敗時的挫折感，叮嚀自己不再重蹈失敗的經驗。

唯有如此，你才能快樂地享受成功的甜美滋味。

做自己，才是眞英雄

形象往往是別人設定的，做自己，不活在別人眼光裡，每個人都可以是獨一無二的大英雄。

文藝復興時代的大詩人但丁曾經寫道：「塵世的稱頌只是一陣風，一時吹到東，一時吹到西，改變了方向就改變了名稱。」

人必須放下心中追求虛名的偏執，千萬不要爲了獲得別人稱頌，或是爲了當英雄而迷失自我。

做自己，才是眞英雄。眞誠地面對自己，不做作、不迎合別人的期望，你才會活得更悠然自在。

完全沒有人想得到，像瑪麗這麼一個嬌小玲瓏又麗質天生的女性，居然能夠勇猛地對抗兇狠的銀行搶匪，協助警方將搶匪繩之以法。

但是，不管大家相不相信，眼前的一切卻是事實，瑪麗正生命垂危地躺在病床上，昏迷不醒。

「眞是個女英雄！」

每個人都忍不住這麼稱讚她，如今瑪麗在經過搶救之後，已經脫離險境了，隨時都可能醒過來。在病床的隔離窗前，站了不少人，有銀行的主管、各家媒體記者，以及瑪麗的家屬等等。

忽然，瑪麗的嘴唇輕輕地動了一下，在場所有人見狀，也跟著騷動了起來，因爲他們正等著女英雄開口說的第一句話，大家都相信，那將是一句非常重要的名言。

銀行的主管心裡猜想：「她一定會問：『銀行的錢沒有損失吧？歹徒抓到了

嗎？』」

至於媒體記者們，則以過去的經驗猜測：「她一定會謙虛地說：『謝謝大家的關心，我只是做了我應該做的事。』」

女英雄的眼睛正慢慢地張開，她看了看四周，似乎想把忽然中斷的記憶，一一地連接起來。

此刻，原本安靜的病房忽然間熱烈了起來，攝影機的鏡頭對準著她，錄音機的按鈕聲也紛紛響起，記者們則用力地翻開記事本，大家屏息以待，準備記下動人的第一句話。

女英雄終於吃力地開口了，她說：「鏡子，我要鏡子！」

聲音不高，但是確實是發自女英雄的嘴裡。所有人當場都愣住了，個個面面相覷，不知道下個動作要做什麼。

床邊正好有面鏡子，護士連忙將鏡子遞了過去。

只見女英雄有些吃力地把鏡子舉起，朝著自己的臉龐照了一圈，這時她才安心地微笑著說：「還好，沒傷了臉！」

所有人都瞪大了眼，記者們手中的筆也停在半空中，只有攝影機因爲攝影師的呆愣，而眞實地記錄下女英雄的甜美笑容。

這是一位令人「失望」的女英雄，卻也是眞正的「英雄」。

每一種形象都會被賦予既定的格式，像是身材壯碩、聲音陽剛、行動瀟灑或態度堅定，然而故事中的女英雄卻完全顚覆這一切，於是人們便開始期待，想看看她到底會有什麼「英雄式」的表現。

但是，當女英雄望著鏡裡的自己，開心地說：「還好沒傷了臉」時，在場所有準備膜拜英雄的人，全都傻了，這樣的畫面自然是滑稽異常。不過，也正因爲女英雄的這個動作，我們更加相信，她眞的是一位「英雄」。

形象往往是別人設定的，不是自我塑造的，所以，只要尊重自己的決定、生命的方式和態度，英雄可以有許多模樣，也會有許多形象。

勇敢做自己，不活在別人眼光裡，每個人都可以是獨一無二的大英雄。

懷疑別人之前，先問問自己

你心裡怎麼看對方，對方自然也會回應你心中的想法，所以，不要急著測試別人對你的忠誠度，先問問自己是否真心待人！

想怎麼收穫便要怎麼栽，這不只適用在事業的經營之上，更適合用於人與人之間的互動。

當你眞誠地對待他人，人們便會自然而然地接近你，與你交心。所謂相由心生，心懷善意的人，臉上自然會散發出誠摯的氣息，於是願意眞心接近的人也就越來越多了。

試著放下心中那些負面的想法吧！

日本社會學專家谷子博士，曾說過一個親身經歷的故事。

有一個富翁爲了測試周遭的親友對他是否眞誠，於是便假裝生了一場重病，還住進了醫院裡。

遊戲結束後，富翁得出的結論是：「很多人都來看我，但是，這其中卻有許多人是爲了分遺產而來，特別是那些許久不見的親人。」

谷子博士問他：「那麼，你的朋友有來看你嗎？」

大富翁口氣很不好地說：「嗯，和我經常連絡的朋友也來了，但是我認爲，他們只是把探病當作一種例行性的應酬罷了。另外，還有幾個平日與我一點也不和睦的人也來了，不過我知道，他們肯定是聽到我病重的消息，幸災樂禍地來看熱鬧的。」

想法負面，答案當然負面。照這位富翁的說法，這個測驗的結果是：根本沒有一個人對他有著眞正的感情。

在這個故事中，誰才是眞正沒有感情的人呢？

答案當然是富翁自己。他身體的疾病或許是假裝的，但是心靈上的疾病卻眞實存在。

當富翁的心中對親友有了猜疑，不相信身邊的人會對他忠誠時，其實也正表示他並沒有很忠誠地對待他人。

你心裡怎麼看對方，對方自然也會回應你心中的想法；你討厭別人，別人自然也會因爲你的冷漠而對你冷漠，所以，不要急著測試別人對你的忠誠度，要先問問自己是否眞心待人！

當你期望別人對你眞心時，請先付出你的眞心誠意，當你害怕別人害你的時候，你就連一個害人的念頭都不可以閃過。如此一來，你就不會像富翁那樣成天疑神疑鬼，因爲你自己栽種的因，你一定可以掌握它的果。

做事不認眞，無法獲得信任

一個貪婪或做事馬虎的人，是不會認真地完成別人所交付的事情的，那麼這樣的人，還能有什麼偉大的成就呢？

天底下只有一個方法可以達成願望，那就是認眞踏實地跨出每個步伐。如果做事馬馬虎虎，永遠都不會找到成功的機會。

一個做事不認眞的人，是很難獲得別人的信任的，因爲從你的態度中，別人便可以很明顯地知道，你是否有資格擁有這樣的機會。

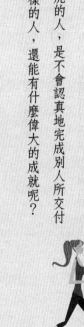

有位老師父在佛祖誕辰那天，收了一位新徒弟。

新徒弟受訓的第一天，老師父要求他先去掃地，而這也是老師父試探新人的重要步驟。當徒弟打掃完畢，回到大殿稟報後，老師父便問：「掃乾淨了嗎？」

徒弟恭恭敬敬地回答：「掃乾淨了。」

雖然徒弟回答的態度非常愼重，但是老師父卻仍然很不放心地又問：「眞的掃乾淨了？」

徒弟聽師父重複又問了一次，不禁停頓了一下，想了想，才肯定地回答：「眞的掃乾淨了！」

然而，就在這個時候，老師父卻突然拉下了臉，嚴厲地說：「好了，你可以回家了。」

徒弟訝異地問：「師父，您不收我了嗎？」

師父擺了擺手，說：「是的，不收你了！」

這個徒弟感到非常奇怪，他不知道自己犯了什麼錯，他想：「師父爲什麼不親自去查驗，就這麼不要我了？」

其實，並不是老師父不親自檢查，而是他根本不必檢查，就已經知道事實眞相了。原來，老師父事先丟了幾個銅板在屋子的幾個角落，想測驗這個徒弟能不能在掃地時發現。

因爲他認爲，那些心浮氣躁或做事不負責任的後生晚輩，只會做一些表面工夫，對於像掃地這樣的小事，他們一定做得心不甘情不願，自然也不會發現角落裡的銅板。

如果，這個徒弟是將銅板藏匿起來，想私吞而不交予師父，那麼問題就將更爲嚴重了。

老師父用幾個銅板，便簡單地測驗出一個人的性格。

所謂見微知著，老師父沒有收到這些丟在角落的銅板，自然可以推斷出這個新徒弟的性格。

沒有發現銅板，自然表示這個孩子做事不認眞，對於師父交代的事情，一定是馬馬虎虎地完成，肯定遺漏了許多角落。

如果他眞的打掃了，而老師父沒有收到銅板，那就有可能是新徒弟的品性不良，將銅板給私吞了。

不管哪一種情況，老師父透過這幾個銅板的測試，便能決定値不値得給予教導和訓練。

畢竟，一個貪婪或做事馬虎的人，是不會認眞地完成別人所交付的事情的，那麼這樣的人，還能有什麼偉大的成就呢？

越渺小的事情越重要

大多數人都只看得見別人光鮮亮麗的外表，卻看不見他努力打下的根基，然而，這些最細微處的重要性，絕對比最後的成果更為珍貴。

所謂聚沙成塔，積少成多，許多富麗堂皇的宮殿，正是由這些渺小的沙石所累積而成的。

相同的，許多偉大人物之所以成就出不平凡的人生，除了自己孜孜不倦地努力之外，幕後還有一群人默默地貢獻自己的心力。

有個小女孩到美國加州迪士尼斯奈樂園遊玩之時，碰巧遇見了樂園的創辦人華德．迪士尼。

小女孩好奇地問他：「那些可愛的卡通人物，都是你創造出來的嗎？」

華德．迪士尼笑著回答：「當然不是我，那些卡通人物是許多工作人員合作創造出來的！」

小女孩又問：「那麼，那些有趣的故事是你寫出來的嗎？」

華德．迪士尼還是笑著回答：「當然不是，那是聰明的製作人員絞盡腦汁想出來的啊！」

小女孩不解地看著眼前這位親切和藹的老伯伯，繼續問道：「那你在這裡做什麼？」

華德．迪士尼絲毫不以為意，笑著說：「我就像小蜜蜂一樣，在四處採集花蜜啊！我會到處蒐集一些好笑的事情，然後送給這些工作人員和製作人員，讓他們為小朋友寫出更好的故事和卡通人物呀！」

就像建築物的地基一樣，地基沒有打好，再高的摩天大樓也無法建成；沒有華德．迪士尼的收集和分享，以及幕後工作人員群策群力，迪斯奈世界也不會如此繽紛。

因此，不要小看你從沙灘上撿起垃圾的小動作，說不定正因爲你的這個俯身、拾起，便化解了海洋生物的一場浩劫。更不要小看了一個人的力量，正因爲每個人都付出一分心力，把大大小小的事串連起來，我們才會有今日的現代化成就。

一個人成功的時候，大多數人都只看得見他光鮮亮麗的外表，卻看不見他在奮鬥過程中努力打下的根基，然而，這些最細微處的重要性，絕對比最後的成果更爲珍貴。

你的心是否眞的公平公正？

人在競爭中，總是希望每個人都能站在齊頭點上，但是，當你處於劣勢的時候，心中有過「希望他等一下跌倒」的鄙劣念頭嗎？

在人生的各項比賽中，每個人都希望自己進行的比賽是公正，也都希望參賽的人能站在公平的齊頭點上。

不過，當你遇到超強的對手，或是嚴重落後於其他對手之時，你的心是否還能保持公正？

在德國波茨坦皇宮的旁邊，有一座以風車做動力的磨坊，許多人都覺得奇怪，爲何皇宮的旁邊會突兀地杵著這麼一件民間建築。據說，這其中有個典故。

十八世紀中葉的德國，正是威廉二世叱吒風雲的時代，當時的普魯士也已經發展成爲歐洲的第一強國。雖然威廉二世在沙場上威風凜凜，但也算是一位崇尚知識的開明君主。

平日他喜歡獨自坐在書房裡閱讀，但書房卻正巧對著一間磨坊，每當他讀書時，磨坊外那只巨大的風車，總是吱吱嘎嘎地旋轉，不勝其擾的他便命令手下，請磨坊主人儘快搬到別處。

但是，沒想到官兵在執行時，卻碰了個大釘子，因爲磨坊的主人不僅拒絕拆遷，還理直氣壯地說：「這裡是我祖先留給我的地方，我們世世代代都在這裡自力更生，沒有人可以要求我們搬走，既然他受不了風車的干擾，爲什麼他不自己搬走！」

執行官一聽，氣得不得了，怎麼一個小磨坊主人膽敢違抗國王的命令，於是便威脅他，若不搬遷將懲以重罰。

沒想到，這個磨坊主人一點也不怕，還寫了張告訴狀，控告國君仗勢欺人，並遞交給法院審議。

開庭當天，法官只問：「是先有磨坊，還是先有書房？」

代表君王出庭應詢的官員說：「先有磨坊。」

公正的法官這時便說：「好，此事已經有了結果，按照慣例來看，要搬走的是書房，而不是磨坊。」威廉二世最後服從法律判決，將書房搬到別處，這座磨坊也得以保存到今天。

當我們看到這則故事，歌頌著在法律之前君主與庶民平等的崇高意義時，也許我們可以再換個角度思考。

人在各式各樣的競爭中，總是希望每個人都能站在齊頭點上，但是，當你處於劣勢的時候，心中有過「希望他等一下跌倒」的鄙劣念頭嗎？

如果「有」，那麼你永遠也無法得到公平與正義。因爲，不只是你，和你競爭的對手也會有這樣的念頭，內心其實都不期望一個公平的競爭了，我們又怎麼要求社會上有著超然、公正的仲裁機制？

我們要思考的不是如何抵抗強權，而是如何讓「人和人之間」獲得自覺的尊重與互動。如此一來，荒謬的對抗意識將不再存在，因爲每個人都已站在眞正的平等上，誰對誰錯、誰輸誰贏才會有客觀的評斷。

越複雜的問題越簡單

老是「抿著嘴、哭喪著臉」過生活的你，是否把所有的事情都複雜化了，讓自己糾結在其中而透不了氣？

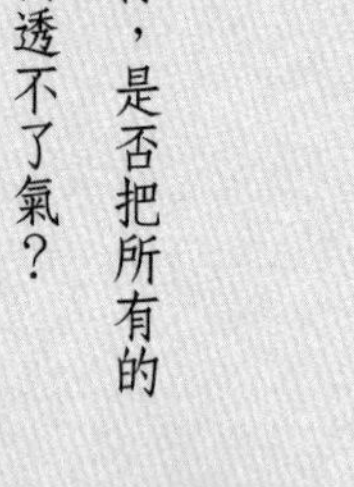

人生處處是抉擇，每個人都有過想要爲眼前的難題做出正確決斷的經驗，但是，有時候明明是一個簡單的問題，卻因爲在思考過程中忽略了它的本質，使得問題變得複雜。

其實，越簡單的事之所以越複雜，問題往往並不在事情的多元性，而是人們鑽牛角尖所造成的結果。

人遇到難題的時候，大都會以爲答案不可能像自己想像中那樣簡單，繼而讓自己陷入煩惱的循環之中，殊不知，很多時候，難題並沒那麼難解，只要懂得放下問題，就很快會得出答案。

英國某家媒體曾經舉辦一次有獎徵答活動，題目是：

「在一個熱氣球上，載了三位關係到人類生存的科學家。

一個是環保專家，萬一失去了他，地球將會變成一個到處散發著惡臭的大垃圾場。

一位是生物專家，他能夠使不毛之地變成良田，解決人類生存的問題，還能用最新的基因技術，使人類的壽命延長到二百歲。

第三位是國際事務調解專家，沒有了他，各國的軍備競賽將會越濱越烈，世界大戰恐怕一觸即發，人類將再次面臨毀滅性的核武戰爭。

突然間，熱氣球發生了故障，忽然急速下落，坐在熱氣球上的三個人，必須有一個人犧牲，因爲，只有減輕了重量，其他的兩個人才有脫離危險的可能。到底應該犧牲哪一個人呢？」

由於獎金極爲豐厚，參加的民衆極爲踴躍，每個人都認爲自己選擇的答案是正確的，不過卻沒有一個答案可以讓人心服口服。

各方精英們想破腦袋也想不出完美答案的情況下，最後竟由一個小男孩答對了。而他的答案卻是：「把最胖的那一個人扔下去。」

爲什麼大人們想破腦袋都想不到的答案，卻讓一個小朋友答對了？關鍵只在思考的單純與否！

大人們被題目中三位專家的身分和可能的貢獻迷惑了，於是掉入陷阱之中，仔仔細細地把其中的利弊得失全都考量一番，但是小朋友則不然，他們總是很單純地想著問題的核心：「誰才應該被丟下去呢？」

大人們總是預設了許多答案，把簡單的事情複雜化，所以，每當面對機智問答的時候，我們總是會發現，生活經驗和知識、常識都豐富的大人們，一個個尷尬地搔著腦袋，緊閉雙唇苦思，而小朋友們卻晃了一下小腦袋，就把答案說了出來。

「把最胖的人丟下去啊！」

當小男孩輕輕鬆鬆地說出答案時，我們也許要好好地想一想，老是「抿著嘴、哭喪著臉」過生活的你，是否把所有的事情都複雜化了，讓自己糾結在其中而透不了氣？

Part 7

把腦海中的「猴子」放下

越想刻意忘記，
這些「鬼影子」反而越是佔滿了我們的腦海。
不想讓「猴子」在腦海裡出現，
就必須把注意力轉移，
把焦點放在更重要的事情上。

有目標，才有活力

把你的生活目標找出來，在每個人生階段中，都給自己一個目標，那麼你才能每天都充滿活力，並且開開心心地走完你的人生。

俄國文豪高爾基曾經寫道：「人必須像天上的星星，永遠很清楚地看出希望和願望的亮光，在地上永不熄滅地燃燒著火光。」

如果你的生活充滿愁苦，那就爲自己編織幾個夢想；如果你的生活滿是煩惱，那就爲自己設定一些積極的目標。

生活沒有目標的人，不僅精神看起來頹廢萎靡，生理機能也會不斷地下降，沒有目標就沒有活力，生命時間更會因此而急速消耗。

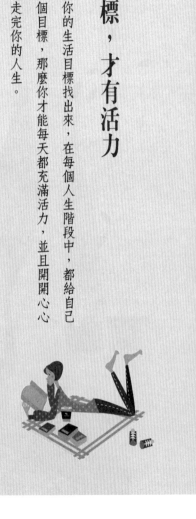

有個九十幾歲的老爺爺，覺得自己的人生即將走到終點，於是每天都枯坐在陽光底下，熬過一整天。

臉上毫無生氣的老爺爺，經常用他那乾乾癟癟的嘴，反覆地叨唸著：「快了快了，我已經聞到棺材的氣味了。」

某一天，有個四處流浪的小女孩，走到他的跟前，向他要了一塊麵包。這塊麵包使得老爺爺與小女孩建立起了友誼，小女孩從此便與老人家住在一起，相依爲命。

老爺爺讓小女孩有得吃有得穿，還供她上學。

女孩一天天的長大，一直都沒有離開過老爺爺的身邊。

不過，老爺爺每天仍然會坐在太陽底下，重複說著相同的話：「快了，我就快死了。」

每當女孩聽到他這麼說時，都會拉著老爺爺瘦巴巴的手臂說：「您不能死啊！

您死了我怎麼辦啊？」

這時，老人家總是給女孩一個溫柔的微笑，等曬夠了太陽之後，便會出去撿拾酒瓶之類的廢棄物販售，用來支助小女孩完成學業。每當死神出現的時候，老爺爺都會堅定地對他說：「你過一陣子再來吧！這個小丫頭還需要我。」

死神聽了之後，不忍心就這麼帶走老人，只好默默地離開。

後來，小女孩長大了，認識了一個年輕人，兩個人馬上陷入熱戀，不久便與年輕男子走了，不再回到老人的身邊。

雖然，老人家每天仍盼望著女孩回來，但是卻一直等不到。

有一天，死神再次來到他的眼前，這回老人家已經放下一切，便安心地與死神走了。

當故事中的老爺爺從等死的日子中，忽然找到了活下去的目標，這個目標便克服了心理障礙，也激發了他繼續活下去的意志。

生活可以有許多目標，有人爲了賺更多的錢，有人爲了早日達成夢想，有人希望能帶給家人幸福，正因爲這些目標支撐，所以許多人都能積極地生活，爲心中的夢想而努力不懈。

現在的你仍迷迷糊糊地過日子嗎？

想一想，心中的那些夢想被你擱置了多久呢？把你的生活目標找出來，在每個人生階段中，都給自己一個目標，那麼你才能每天都充滿活力，並且開開心心地走完你的人生。

把腦海中的「猴子」放下

不想讓「猴子」在腦海裡出現，就必須把注意力轉移，把焦點放在更重要的事情上。越想刻意忘記，這些「鬼影子」反而越是佔滿了我們的腦海。

人的思緒太容易受外在環境影響，也太容易受到負面暗示左右。一旦受到暗示，腦海中出現一隻「猴子」，人就會被這隻潑猴擾得心神不寧，越想驅逐牠，牠越是張牙舞爪。

這時候，究竟該怎麼辦？

大陸暢銷作家南派三叔在《盜墓筆記．秦嶺神樹》中告訴我們一個重要觀念：「人無法控制潛意識，只能試著引導。」

所謂物極必反，有時候口頭上越說不在意，其實你的心裡越是擔心，於是爲了「忘記」這件事，而不知不覺地不斷想起這件「必須忘記的事」，這就是我們自己所造成的負面心理暗示。

除非把注意力轉移，把腦海中的「猴子」放下，否則便會像下面故事中煉金的村民一樣，永遠無法把金塊煉成。

古時候，某座深山之中，有一個平和安樂的小村莊。

有一天，村裡來了一位仙風道骨的老人，他在眾目睽睽下點了一把火，並用一根棍子在碗裡不停地攪拌，沒想到就這麼攪拌之下，最後碗裡竟然掉出了一個金塊。

這些純樸的村民，個個看得目瞪口呆。

老人說，這就是煉金術，只要把一些泥土和水和在碗中，然後不斷攪拌攪拌，再用火燒烤一會兒，便能煉出金子出來了。

村中的長老紛紛前來請教秘訣，經不住村民一再懇求，老人終於答應。最後，老人意有所指地補充：「不過，在煉金的過程中，千萬不可以想到樹上的猴子，否則金塊是煉不出來的。」

大家聽了之後都覺得很容易，於是等老人走了以後，便由村長領導，開始了他們的煉金夢。

但是，村長雖然一直告訴自己不可以想樹上的猴子，可是越告訴自己別想，猴子反而不斷地浮現腦海。村長煉不出金子，只好交給另一個人來試，並一再叮嚀他，不可以想樹上的猴子。

就這樣，全村的人都試過了，卻沒有一人能煉出金子來。

因爲，樹上的猴子，總是會從他們的腦海中跑出來。

這種情形就像我們看完鬼故事的時候，明明知道一切都是假的，可是心裡卻怎麼也去不掉這些鬼怪的身影，甚至越想刻意忘記，這些「鬼影子」反而越是佔滿了我們的腦海。

所以，不想讓「猴子」在腦海裡出現，就必須把注意力轉移，把焦點放在更重要的事情上。

當聰明的老人告訴村民如何煉金之時，故意將煉金過程的重點，放在「不可以想樹上的猴子」上，於是，受到這個暗示的村民們便把「不可以想樹上的猴子」視爲煉金過程中的重點，不知不覺中腦海總是想起「猴子」，金子當然也就煉不成了。

其實，只要村民們換個角度想，煉不出金子也無妨，他們就不會把猴子當一回事，腦海裡的猴子自然也就不會再出現了。

昂首闊步，才能看見成功的道路

成功者會看著企圖征服的山頂，嘗試每一條前進的路，失敗者則數著腳下的小石頭，漫無目的地選中每一條錯誤的道路。

每一個成功者在談論自己的成功經驗時，幾乎都會告訴我們說：「知道自己想要的是什麼，知道自己正在做什麼，那麼成功就不遠了！」

如果你不知道自己想要什麼，也搞不清楚自己在做什麼，那麼又如何走上成功的道路呢？

幾十年前，有個住在猶他州鹽湖城的青年，工作非常勤奮、努力，生活更是非常節儉，朋友們對他都非常佩服，只要有人提到這個青年，每個人都讚不絕口。

但是有一天，這個青年卻做了一件很反常的事，讓許多人都對他有點失望，懷疑他的判斷能力是否出了狀況。

因爲，他從銀行裡領出了所有的積蓄，一共四千多美元，到某家汽車展銷處，買了一部新車。

也許你會覺得，不過就買輛車而已，這跟判斷能力一點關係也沒有啊！

是啊，買輛車當然不足爲奇，但他的朋友們眞正認爲他不正常的地方，是他把車子開回家後，就直接開進了他的車庫裡，並頂起了四個車輪，動手拆卸起車子，而且一件一件地拆，直到整個車庫擺滿了七零八落的汽車零件。接著，他仔細地檢查了每個零件，然後又把汽車重新組裝完成。

大家都說他瘋了，因爲他不只拆組一次而已，而是不斷地拆，又不斷地組裝，沒有人知道他到底在做什麼，人們也開始嘲笑起他的瘋狂行爲。

過了好幾年，那些嘲笑過他的人們，不得不改變他們的看法了，認爲這個青年根本就是個天才，因爲這位反覆動手拆裝汽車的青年，正是後來創辦克萊斯勒汽車公司的沃爾特·伯西·克萊斯勒。

他從不斷拆卸汽車的過程中，認識了車體與機件，並且慢慢地學會了汽車的製造。

克萊斯勒努力地求新求變，在汽車領域中開啓了許多有價值的改進與革新，後來他的產品也成了汽車工業的領導，更是今日世界汽車界的翹楚。

許多畢業生總是抱怨找不到工作，但是，當你問他們想做什麼工作的時候，他們卻總是支支吾吾，說不出明確答案。

我們也常聽到許多失業的理由：因爲老闆不給機會，因爲薪水太低，因爲同事相處不睦。大部分的理由總是充滿了抱怨，可是他們是否先問過自己，到底自己的能力在哪裡，以及自己的方向何在？

爬向山頂的路途上，有人成功，也有人失敗，探究其原因，正是因爲有人根本不知道要怎麼走。

成功者會看著企圖征服的山頂，嘗試每一條前進的路，失敗者則數著腳下的小石頭，漫無目的地選中每一條錯誤的道路。

你知道自己的目標嗎？

當人們嘲笑、誤解克萊斯勒的時候，他沒有多做解釋，因爲克萊斯勒知道，不管別人怎麼看，只要他明白自己在做什麼，並努力地朝目標前進，那麼總有一天，那些嘲笑他的人們必定會看見「瘋狂行爲」的眞正目的與成果。

成長，才是衡量一個人的標準

當林肯肯定父親的手藝勝過他今日的成就時，性情質樸而真誠實在的態度，正是他成為總統最重要的助力！

當你否定別人的過去之前，請先看看現在的自己。

如果你的成就遠不及對方今日的成就時，就別再多話，繼續努力地前進邁進吧！也許，當你與對手齊平的時候，你將發現，成長才是衡量一個人的重要標準，所謂的身家背景是毫無意義的東西。

林肯選上總統時，所有參議院的議員們都感到十分尷尬，因爲他們對於林肯的出身背景感到鄙夷。

由於林肯的父親是個鞋匠，而當時美國的參議員大部分出身望族，自認爲是上流而優越的人，現在卻得服從一個鞋匠出身的總統，心中感到很不是滋味。

有一天，林肯到參議院發表演說時，參議員們便計劃要好好地羞辱他一頓。

林肯剛站上演講台之時，有個態度傲慢的參議員立即站了起來，不客氣地說道：「林肯先生，在你開始演講之前，我希望你要記住一件事，你是一個鞋匠的兒子！」

這時，所有的參議員都大笑了起來，雖然他們不能在選舉時打敗林肯，此刻卻能好好地羞辱他一頓，個個都開懷不已。

站在台上的林肯絲毫不以爲意，等大家的笑聲停止之後，才悵然地說：「我非常感激您的提醒，這讓我再次想起了我的父親，雖然他現在已經過世了，不過我一定會記住你的忠告：我永遠是鞋匠的兒子。今天，我雖然當上了總統，卻永遠也無法像我做鞋匠的父親，做得那麼成功。」

此時，整個參議院陷入一片靜默，林肯轉向那個傲慢的參議員，說道：「據我所知，家父過去也曾經爲你的家人製鞋，如果你的鞋子不合適，我可以幫你修正，雖然我無法像父親那麼熟練，但是我從小就跟著父親學到了做鞋子的技巧與藝術。」

最後，他對著所有的參議員說：「你們也一樣，如果你們腳上穿的那雙鞋是我父親做的，需要修理或改善時，我一定會盡力幫忙，不過有一件事我必須說明，我無法像父親那麼優秀，因爲他的手藝已無人能比。」

說到這裡，林肯已難過得淚流滿面，而在場所有的嘲笑聲已歇，全都換爲讚嘆的掌聲。

也許有人會質疑，怎麼連高度發展且自由民主的美國，也會有不同身分地位的歧視？

或許，因爲人也是動物的一種吧！就像猴子，他們會自成一個族群，當一隻從未見過面的外來猴子進入他們的地盤時，便會被在地的猴群欺負，或遭到猴王的驅離。

當然，這是我們把參議員的心態合理化的解釋，但是別忘了，我們和猴子有一個最大的不同，我們是人。身爲萬靈之長的我們，有一顆與大多數動物不同的腦袋，那就是一個會思考的大腦。

千萬不要把自己的出身背景與血統視爲絕對的優勢，因爲每個人都有不同的成長背景，但是那並不能代表一個人的未來。

自我成長的過程才是最重要的，當參議員嘲笑著林肯的過去時，其實他們也正嘲笑著自己成長的落後。當林肯肯定父親的手藝勝過他今日的成就時，性情質樸而眞誠實在的態度，正是他成爲總統最重要的助力！

別給自己退縮的機會

當機會消失的時候，環境也充滿阻礙的時候，你是就此退縮，還是繼續為自己尋找機會？

眼前的阻礙很多嗎？這些阻礙大到讓你無法搬移或跨越嗎？

聰明的人會把阻礙變成前進的階梯，如果絆腳石太大，他也會設法將它敲破，堆成更多的階梯前進。

只要下定決心不放棄，任何阻礙都不會是你退縮的藉口，反而會是你成功的重要秘訣。

桑拜恩是瑞士著名的化學大師，由於當年沒有經費另闢實驗室，於是他只好以家裡的廚房，作爲發明烈性火藥的工作場所。

雖然桑拜恩的妻子非常反對，但是，只要妻子一踏出家門，桑拜恩便會偷偷地在廚房裡，開始他的火藥實驗。

有一次，正當他在爐子上把硫酸與硝酸混和加熱時，忽然聽見妻子回來的腳步聲，於是，他只好慌忙地把實驗器皿全部收起來。但是情急之下，他卻把一只裝有化學酸液的器皿打破了，這些化學酸液立刻流了一地。

爲了不被妻子發現，桑拜恩順手拿起妻子的棉布圍裙，努力地把爐子和地板上的化學液體擦乾。

一切收拾妥當之後，桑拜恩將圍裙用清水洗淨，並掛在爐子上烘乾。沒想到就在這個時候，廚房裡「轟」的一聲，圍裙開始著火了。

桑拜恩闖了大禍！不過，在這個同時，他也發現燒得一乾二淨的圍裙，在燃燒的過程中竟然一絲煙霧也沒有。

這個意外反而讓桑拜恩豁然開朗，讓他激發出發明「火藥棉」的靈感。

當機會消失的時候，環境也充滿阻礙的時候，你是就此退縮，還是像桑拜恩一樣繼續爲自己尋找機會？

桑拜恩偷偷地背著老婆大人，努力地實踐自己的夢想，堅強的毅力終於使他成功。

他的成功或許含有運氣的成分，但絕非僥倖。

因爲，唯有不放棄，你的夢想才可能成眞；唯有不放棄，機會才會源源不斷地湧現，只要勉勵自己堅持下去，你就會看見結實纍纍的果實，在成功的盡頭等著你。

基礎打得好，成功來得早

凡事都要從根基做起，所謂「萬丈高樓平地起」，基礎若沒有打好，只想憑靠著天分或旁門左道，招式耍得再多，一上擂台較量，終究要破功。

在講求實力原則的現代社會，華而不實的花拳繡腿只能滿足你一時的虛榮，無法讓你獲得眞正的成功。

而且，培養實力時，若不能從基礎打起，紮紮實實地累積，那麼就算眼前的目標是隻大象，你恐怕也射不中了。

飛衛是神箭手甘蠅的徒弟，爲了學會百發百中的好箭法，廢寢忘食地苦學苦練，最後終於學有所成。

紀昌看見飛衛擁有如此高超的箭法，心裡十分羨慕，便虛心地拜飛衛爲師，並誠懇地表示，他一定會遵照師傅的指點，認眞練習。飛衛看到紀昌如此誠懇又虛心好學，認爲紀昌很有前途，便一口答應，收他爲徒。

飛衛一面指導紀昌的射箭技巧，一面要求紀昌要苦練基本功夫。飛衛告訴紀昌說：「射箭，最重要的是眼神，你必須先把眼力訓練好，雖然這並不困難，但方法還是得自己領悟才行。」

紀昌聽這番話，回到家後便找了一塊舖墊，舖在妻子織布機的旁邊，然後躺臥在上面，目不轉睛地瞧著上下移動的梭板。

過了一陣子，紀昌便把眼神訓練得非常集中了。當別人用錐子尖刺，在他的眼前輕晃時，他的眼睛竟然能定住一個方向，一動也不動。紀昌這時便問飛衛：「師父，我們可以開始了吧？」

飛衛搖搖頭說：「還不行，你得再回去訓練一樣功夫，那就是當你看東西時，能夠把細小物體看得像個龐然大物，能把不清楚的東西看得清清楚楚。等這個基本功夫練成後，你再回來找我，我們便可以真正開始了。」

紀昌回到家後，便用牛尾拴了一個蝨子，並把它吊在窗口，每天坐在屋子裡，瞪了大眼睛，專注地看著這隻小蝨子。

到了第十天，蝨子出現在紀昌眼裡之時，居然已經變得像車輪那麼大了，當他轉頭看看周圍的事物時，個個也都大得出奇。

紀昌猛然抽了一枝箭，然後拉起強弓，向懸掛的蝨子射去，一箭正中蝨子的中心。紀昌開心地跑去見師父，並把苦練的情況和成果一一稟告。飛衛聽完後，高興地連聲稱讚道：「徒兒，恭禧你，師父的本事你已經全部都學會了！」

凡事都要從根基做起，所謂「萬丈高樓平地起」，基礎若沒有打好，只想憑靠著天分或旁門左道投機取巧，招式耍得再多，一上擂台較量，終究要破功。

不管研究哪一門學問都是一樣，若是不肯下苦功，完全沒有基本實力，那麼就算有天王級的名師，也無法讓你成爲高徒。

還在尋找名師，希望能獲得成功捷徑的你，請停下腳步吧！

先審核一下自己目前的實力有幾分，如果尚未達到滿分，請先把實力累積好，畢竟尋找名師的最終意義，不在尋找成功的方向，而是學會如何運用自己的實力，邁向你心中的夢想目標。

幸福來自內心的滿足

不管遇上多少困難與險境，只要能學會轉化，把不幸或不開心的事化解開來，你就能擁有真正的幸福感。

你是否曾經認眞想過，什麼才叫幸福快樂？如果，把幸福快樂的感覺換算成金錢，你認爲它究竟値多少錢？

其實，只要心中能夠滿足，生活能夠知足，就算身上只有一百元，你也會覺得自己是個億萬富翁，開開心心地享受你的人生。

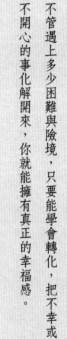

根據一項研究報告顯示，穩定的愛情關係所帶來的幸福感，一年價值約六萬英鎊，約合九．六萬美元。

這次研究調查的數據，是以二十世紀五〇年代初到九〇年代後期，近十萬名美國人和英國成年人的生活爲樣本，然後從他們的事業與婚姻等事件的價值與損失中，所做出的估量和比較。

從這項調查中發現，年齡層較輕、收入良好，且受過大學教育的女性，享有穩定的婚姻關係及父母不曾離異者，是自我感覺最幸福的人。

而一般人的幸福感，則是隨著年齡的增長，呈現「U」字形的狀態。也就是說，年輕族群與老年族群的幸福感較佳，而四十歲的族群則落在谷底，他們不僅沒有幸福感，甚至感覺生活悲慘而無奈。

此外，分居和獨居的人生活最不愉快，再來則是失業和離婚的人，他們經常會感覺自己很不幸！

這項研究報告指出，擁有美好婚姻的人，會因爲強烈的幸福感，讓自己實質的生活價值，在一年內多賺了六萬英鎊。

沒有人不渴望幸福，更沒有人不希望能每天開心地生活，只是現實環境的突發狀況太多，不開心與不幸福的感覺，會源源不斷地出現。

但是，不管遇上多少困難與險境，只要能學會轉化，把不幸或不開心的事化解開來，你就能擁有眞正的幸福感。

不幸的源頭往往是不滿，當情緒裡充滿了怨懟，那麼就算有再多的安慰也無法讓你擁抱幸福。所以，想哭的時候就找個地方用力宣洩，不開心的時候就到曠野好好地鬧一鬧脾氣，不必強顏歡笑、不必壓抑情緒。

如此一來，你才能眞正地面對自己和生活，當幸福感來臨的時候，你才能擁有眞正的幸福成果。

想享受眞正的幸福嗎？試著每天早上出門前，給鏡裡的自己一個幸福的微笑，告訴自己今天會是個幸福而美好的一天。如此一來，那些失業的落寞、離婚的悲傷、獨居的寂寞……都將一一遠離，每一天的你都會是最幸福的人。

從習慣中培養本能

適應新環境的時候，不妨做個「剛柔並濟」的人，讓自己與環境融為一體，相互配合、影響，成為新的生活本能。

當習慣養成之後，你便會不知不覺地用著這些方法，去解決生活上的所有問題，而我們所具備的應變本能，便是從這些習慣中培養出來的。

所以，別小看你的生活習慣，它的影響力可說是非常深遠，就算再微不足道，仍然會影響你一輩子。

有一天，孔子來到了呂梁山，見到那裡有一條高幾十丈的瀑布，每當湍急的水流撞擊著石頭與山壁時，水花總會濺到好幾里之外，許多水中生物幾乎都無法在這附近生存。

就在這個時候，孔子看見一個男人跳到水中游泳，孔子以為他想自殺，便急忙叫學生們沿著水流前去搭救。

然而，這個男子並不理會孔子一行人的呼喊，他繼續游了數十公尺之後，才心滿意足地上了岸，並且披散著頭髮，在岸邊漫步、歌唱。

這時，孔子便上前問他：「先生，方才我看到你在如此湍急的水流中游泳，以為你想尋死，所以才要學生們前去救你。後來，看你游出水面，披散著頭髮，並且一面走一面唱，我還以為你是鬼怪呢！仔細觀察之後，這才肯定你是個人。我想請問你，為何要潛入那麼深的水中？又如何能在這麼危險的水流中，自在游泳呢？」

這個滿身溼答答的男子說：「我沒有特別的方法啊！我只不過是『起步於原來本質，成長於習性，成功於命運』，水迴漩，我跟著迴漩進入水中，水湧出來，我跟著湧出於水面。一切順從水的習性，從不逆勢而游。」

孔子聽了這番回答，不解地問：「什麼叫做『起步於原來本質，成長於習性，成功於命運』？」

這個男子回答說：「我是在陸地出生的，自然習於陸地，這便是原來的本質；而我從小便與水生活在一起，所以比別人更熟悉水性，這就是習性；不過，我實在記不起如何學會在水中悠游的，或許這就是命運吧！」

每個人出生之後，便開始要適應母體之外的環境，得習慣呼吸新的空氣，習慣攝取不同於母體內的營養。

當小嬰孩漸漸成長，他們便要開始要用自己的力量，面對人生的各種訓練與磨練，這些都是爲了讓自己能夠更順其自然地走向生命的流程。

人類的本質是從空白開始的，接著慢慢地培養出生活的習性，成爲生活最基本的能力。不管最後是不是能達成人生的目標，我們都得在潛移默化的過程中，吸取經驗，訓練自己成爲攀上生命之峰的勇者。

習慣並不是一成不變的，當男子順著水性游泳時，其實他也正用著「自己所領悟出來的技巧」，順應著水流，自在地悠游！

我們不也應該如此嗎？

放下那些自以爲是的偏執，適應新環境的時候，不妨做個「剛柔並濟」的人，讓自己與環境融爲一體，相互配合、影響，成爲新的生活本能。

Part 8

被動的人 註定是輸家

不要總是被動地等待，
必須學會如何掌握「主動」，
才不會錯過任何有利機會，
更能由退轉為進，掌握永遠的主控權

越眞誠的作品越無價

若在寒冷的夜裡，遇到身上只有單薄衣裳的流浪漢，雖然身裹厚重衣物，卻仍冷得渾身發抖的我們，是否願意脫下外衣，分給他人一些溫暖呢？

不論從事什麼形式的創作，都要提醒自己保持一顆赤忱的心；同樣的，不論欣賞什麼形式的藝術品，都要提醒自己用心體會。

因爲，每項引起共鳴的創作，必然包含著夢與愛。

欣賞大師的作品，不只是爲了培養藝術氣息，還要試著用心感覺，從作品中吸取作者的「畫中之話」，因爲一個沒有夢想與關愛的創作，是不可能成爲永垂不朽的作品！

一八八六年十二月的一個黃昏，一生窮困潦倒的梵谷因爲付不起房租，而被房東趕了出門。

冒著冷冽的風雪，他來到了一家小畫舖前，哀求店家開門讓他進去，並請求老闆收購一幅他剛剛完成的新畫作。

當時的梵谷一個人流落異鄉，身邊既無親人也無朋友，他每天都會花十四個小時，甚至是十六個小時，從事繪畫的創作，然而不論如何努力，他的畫仍然一張也賣不出去。

除此之外，他還嚐盡了歧視與冷漠，連基本的生活都無法支撐下去。

梵谷知道，如果今晚他再賣不出一張畫作，那麼就只有露宿在寒冷的街頭了……於是，他乞求著老闆，幸運的是，老闆終於勉強地以五個法郎，買下了他的一幅靜物畫。

雖然只有五法郎，但是對梵谷來說，已經是最大的恩寵了，他緊緊地握著這幾個法郎，感激地離開了畫舖。

就在這個時候，梵谷忽然看見一個衣衫襤褸的小女孩，在這個風雪交加的夜裡抖著身子，蜷曲在街角。從她孤苦無助的眼神中，梵谷一下子就看出來，小女孩也正處於飢寒交迫之中！

梵谷心疼地看著小女孩：「可憐的孩子！當風雪降臨的時候，所有的窮人都是困苦的，那些富人是不會懂的。」

梵谷忘了房東正等著他回去交房租，忘了即將斷糧的危機，毫不猶豫地把手上的五個法郎，全都送給了這個小女孩。他甚至覺得自己給的幫助太少，慚愧地離開了小女孩，頭也不回地消失在風雪之中……

四年之後，這位嚐盡了世間炎涼與孤獨的貧困藝術家，在苦難中淒慘地辭別了人世，只短短地活了三十七年！

生前，他的繪畫成就，始終沒有受到世人的肯定，然而當他死了之後，所有留下來的作品，卻成了全世界最光彩奪目的珍寶。

一八八六年冬天的那個黃昏，他那幅僅僅賣了五個法郎的靜物畫，後來在巴黎的一家畫廊裡，以數千法郎的價值賣出！

「創作」除了靠天分之外，還需要一顆赤子之心。

經常有人說，藝術家們都有一些怪脾氣，然而正因爲他們有這些怪脾氣，才不會受到外在環境的誘惑，而讓作品擁有最眞誠的心；也正因爲這顆赤忱的心，他們才能比任何人更懂得關懷和付出。

就像梵谷一樣，儘管生活艱苦，仍然堅持自己的夢想，儘管日子難過，他仍然願意伸出援手，幫助同病相憐的小女孩。

我們不妨反省自己，若是在寒冷的夜裡，遇到身上只有單薄衣裳的流浪漢，正躺在街邊顫抖時，雖然身裹厚重衣物，卻仍冷得渾身發抖的我們，是否願意脫下外衣，分給他人一些溫暖呢？

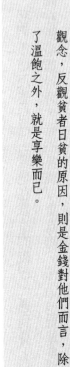

貧富差距，是自己造成的

富者之所以越富，是因為他們從小便建立了正確的金錢觀念，反觀貧者日貧的原因，則是金錢對他們而言，除了溫飽之外，就是享樂而已。

不要懷疑，貧富的差距眞的是你自己造成的。不妨想像一下，如果你今天中了二億元的樂透彩頭獎，你將如何運用這筆意外之財呢？

你的運用方式，將決定你這輩子到底是個有錢人，還是只是個窮光蛋？

美國石油大王保羅·蓋帝曾經在他的自傳中，對財富提出一個十分有趣的觀念，值得我們深思。

他提出的想法是：「如果，我們現在將世界上所有的財產，全都混合在一起，然後再平均地分給全球的每一個人，讓每個人的財富都變成一樣。我相信，經過半個小時之後，原本財富均等的人類，經濟狀況將會開始有所改變。」

保羅．蓋帝所說的變化是，在短短的半個小時之後，有人開始喪失他所分得的那分財產，他們會因爲豪賭而輸光，會因爲盲目投資而失去財富，或者是因爲貪念而上當、受騙。

於是，有人迅速地破產，也有人因此更爲富有，所以財富很快就又重新分配，這樣的現象將隨著時間的前進而越來越明顯，貧富之間的差距也會越來越大。保羅．蓋帝說：「我相信，經過三個月後，所謂的貧富差距將會變化得十分驚人。」

他還特別強調說：「我敢打賭，經過一兩年之後，全世界的財富分配情況，將會和重新分配前沒有兩樣，有錢的還是那些人，而貧困的人則依然貧困。」

為什麼保羅．蓋帝會這麼推斷呢？

這個觀念其實很簡單，因為每個人的智慧、能力不同，價值判斷也會有所差異，有錢的人即使財富縮減了，他們仍然有能力將失去的財產再次取回；而原來沒有錢的人，對於金錢的規劃能力仍然欠缺，所以意外的財富，對他們來說完全沒有意義，他們會以揮霍的方式或錯誤的投資，再次失去他們的意外之財。

所以，保羅．蓋帝才敢如此篤定地說。

其實，我們從他的推論裡，正可以找出一個問題：除了暴發戶的意外橫財之外，原來貧富差距的問題都是自己造成！

富者之所以越富，是因為他們從小便建立了正確的金錢觀念，有正確的理財之道；反觀，貧者日貧的原因，則是金錢對他們而言，除了溫飽之外，就是享樂而已，絕大多數的窮人都不懂得如何妥善理財，更別說是建立正確的金錢觀念了。

於是，貧富之間的差距，便在這樣的循環中，持續地加大了。

如果，你想累積一些財富，讓自己的生活過得快樂，那麼，就有必要重新調整看待金錢的態度了。

不要老是想當「滑翔機」

試著自己跨出去吧！如果你像滑翔機一樣，老是在山崖邊等著順暢的風速與氣流才能前進，那麼你肯定要一事無成，直到終老了。

想要活出屬於自己的精采人生，首先必須放下依賴的心理。

越依賴，你越會失去生活的動力，越被動，你就越習慣逃避和等待。

外在的力量終究難以掌握，它不可能支援你一輩子，自己的生活畢竟得靠自己去發動。

有位非常受歡迎的教授，在每學期的第一堂課，都會用三種飛機做比喻，告訴學生們正確的人生觀。

第一個例子是「滑翔機」。

他說，這類飛機本身完全沒有動力，起飛時，必須靠另一架螺旋槳飛機拖曳，直到滑翔機被拖至一定的高度時，再放開彼此連結的繩索，滑翔機才能順著氣流，高空飛翔。

但是，倘若天空沒有了氣流，或是遇上不穩定的風向，滑翔機就必須被迫降落。一架無法自行發動的飛機，必定會遇上種種不可控制的內外在因素，勉強飛行的話，是件非常危險的事。

這位教授告訴學生，許多人的人生也正如滑翔機，習慣依賴著別人的力量生活；小時候靠父母，踏入社會後依賴上司的提拔，或是習慣看同事們的臉色。這些人就像滑翔機一樣，找不到自己的動力系統，無法自行發動自己的生命力量。

第二種飛機則是直昇機。

他指出，這種飛機擁有自己的動力，可以自行起飛與降落，不需要長長的起降跑道，也不受各種地形的限制，甚至在城市大樓的頂端也能輕易降落。

但是，直昇機有一個缺點，它無法乘載大量的乘客，再加上設計上的限制，也無法執行長程的飛行任務。

所以，這位教授以直昇機比喻那些自行創業，精於獨善其身的人。因爲，他們像直昇機一樣，能夠自如地起飛、降落，也有極佳的適應能力及靈活的應變能力，但是，他們因爲自我的格局太小，無法幫助更多人，而且也像直昇機一樣，缺乏較長遠的續航能力，所以這類人總是容易半途而廢。

至於第三種飛機，則是波音七四七型客機。

這位教授十分讚賞這種飛機，雖然它需要極長的起降跑道、精密的導航系統及優秀的機師，才能順利升空，但是它卻有載運四百人以上的龐大空間，及長程飛行的能力。

反省一下自己，你現在的情況是屬於哪一種機型？

人生的成長過程，其實也是從「滑翔機」到「直昇機」，最後才成長為「大客機」的。

問題是，本來可以漸進成長的機會，往往被自己所找的諸多藉口阻斷，最後仍然停留在滑翔機或是直昇機的階段，不肯繼續成長，爲自己創造更多的機會。

就像學開車一樣，車子的鑰匙明明拿在手中，如果你老是要把鑰匙轉交給他人，那麼要等到何時才能開車上路呢？

試著自己跨出去吧！不要再浪費時間等人推動了，如果你像滑翔機一樣，老是在山崖邊等著順暢的風速與氣流才能前進，那麼你肯定要一事無成，直到終老了。

正面迎戰，才有更多勝算

逃避，只會讓你越退處境越艱難，甚至退到死胡同中，唯有轉過頭勇敢面對，你才有勝算的機會。

一個人能不能創造出一番成就，關鍵往往在於是否能放下心中的憂懼，用積極樂觀的態度迎戰人生。

不管在工作上或生活上，都必須面對問題，也必須解決問題。

不要老是想要背對著危險或困難，那只會讓你陷入更危險的環境中；如果你一味地選擇逃避，只會讓問題越來越嚴重，甚至讓層出不窮的危險或難題埋葬了你的一生。

有一群大學生相約去登山，很不幸的是，他們遇上了突來的暴風雨。由於風雨極大，造成山洪爆發，滾滾而來的土石流，瞬間就將這一群正值青春年少的孩子們永遠埋葬。

面對這個突如其來的悲劇，事後很多人不禁要問：「如果在山腰上遇上了暴風雨，我們該怎麼辦？」

有位登山專家回答說：「在這種逼不得已的情況下，你應該選擇快速向山頂走。」

聽專家這麼說，大家都非常懷疑地問：「怎麼會是往上爬呢？爲什麼不是往山下跑，山頂的風雨不是更大嗎？」

登山專家說：「山頂的風雨可能會更大，但是卻不足以威脅你的生命。反而是往山下跑，風雨雖然看起來較小，但實際上卻更不安全，因爲你隨時都有可能遇上山洪爆發，被活活地淹死。」

這位登山專家嚴肅地說：「遇上暴風雨時，必須放下恐懼、僥倖的心理。若只想著逃避，反而更容易被捲入洪水和土石流之中，莫名犧牲；唯有勇敢面對它，你才能獲得生存的機會。」

遇到暴風雨的時候，你不可能因爲選擇背對著它，就逃過正在你的身後追趕的洪水和土石流。

迎向暴風雨，並不是要與它正面對抗，而是要知道風雨的走向，你才能發現暴風圈外的安全地帶，或者發現可以躲藏的山洞，並且在暴風雨攻來之前，及早做好準備，躲過這場危難。

遇上困境時也是如此，逃避只會讓你越退處境越艱難，甚至退到死胡同中，唯有轉過頭勇敢面對，找出克服克難的方法，你才有勝算的機會。

別讓四肢成爲裝飾品

我們不斷地吃進了化學與加工過的食品，在滿足了口慾之後，人類的健康也隨著時代的前進，而變得越來越退步了。

你的減肥目的，是爲了健康，還是爲了外貌？

其實，胖瘦的定義並不能以體重計上的刻度來衡量，只有保持身心舒暢，每天神采奕奕，放下過多的慾望，這才是正確的健康觀念，也才合乎人類的「養身」之道。

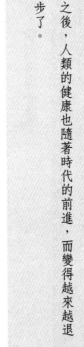

美國著名的生化學家吉利安曾經預言：「再過五十年，人類就會因爲太過肥胖與身體孱弱，導致活動力大幅減弱，甚至走不了幾步，便會因爲體力不支而跌倒。」

如今，吉利安的預言似乎正一一實現。此外，他還曾經說過：「由於人們對於電腦遊戲的著迷，並且嗜吃加工過的食品，所以身體機能將越來越退化，到二〇五〇年時，人類的身體將呈現最危險的狀態。」

他以美國的七歲小女孩爲例指出，一九七五年時，七歲小女孩的平均體重是二十四公斤，身高一百二十公分，如今相同年齡的女孩們，身高只增加四點五公分，但是體重卻增加了五公斤，若以此數據推算的話，到了二〇五〇年，七歲小女孩的體重將增加至五十四公斤！

其中，最嚴重的問題是，當這群又胖又短的小孩長大後，她們的平均身高將只有一百五十七公分，但是體重將達到三百一十九公斤。

吉利安憂心地說：「到時候，人類的四肢將變得軟弱無力，彷彿只是身上的裝飾品，一點用處也沒有。」

因為飲食習慣的改變，所以人們往往吸收了過多的營養。而這些所謂的養分，在製造過程中，卻添加了各式各樣的人工調味，或是處以化學極刑，讓食物吃起來更加美味。

於是，我們不斷地吃進了化學與加工過的食品，在滿足了口慾之後，人類的健康也隨著時代的前進，而變得越來越退步了。有越來越多人罹患了癌症、各種文明病與肥胖症，其中又以肥胖症最為嚴重，所以，當吉利安的預言一一實現後，人們這才緊張地開始注意起體內環保。

要少油、少糖，營養的攝取要均衡，多吃天然的蔬果，少食過度烹調的餐點，這些都是在回歸自然飲食的二十一世紀裡，每天都被拿出來倡導的觀念。

所以，請正視體內環保這個問題吧！別等到失去健康的時候，才驚覺身體健康時的珍貴！

被動的人註定是輸家

不要總是被動地等待，必須學會如何掌握「主動」，才不會錯過任何有利機會，更能由退轉為進，掌握永遠的主控權。

對於日常生活中的煩惱、困頓，你都如何面對呢？

必須記住，唯有化被動爲主動，你才能掌握每一個有利機會；鬥智而不鬥力，你才能把握勝利的最佳時機；身處劣勢時更要臨危不亂，你才有辦法智取，以寡敵眾。

東晉偏安不久，謝玄率領三萬水軍，與號稱統帥八十萬大軍的前秦苻堅隔著淝水對峙，準備展開一場生死存亡的大戰。

謝玄為了以寡擊眾，便派使者對苻堅說：「你率領的軍隊雖然人數眾多，但終究是北師南征，能夠速戰速決，才對你有利。不過，你現在卻在淝水邊佈陣，似乎準備要持久應戰，這樣的部署對你們不好吧！若你能稍微後退，使晉兵得以渡過淝水與你一決勝負，這樣不是可以速戰速決嗎？」

苻堅一聽，覺得謝玄這個意見不錯，不過，其他的將領全都反對，因為他們認為未戰先退會影響軍心士氣，因而不願將已經部署就序的軍隊往後移動。但是，苻堅卻堅持：「只要我們稍微往後退，待晉軍來到河的中央，我軍再趁機進攻，便能將敵軍悉數殲滅於淝水之中！」

於是，他一意孤行，指揮著軍隊，往後稍微退了一點。

然而，前秦龐大的軍隊在毫無預警的狀況下，突然受命後退，軍心難免產生了動搖。更嚴重的是，部隊剛往後移動不久，軍隊中謝玄所佈建的間諜，便開始散播謠言：「秦兵打敗了，快撤退吧！」

霎時間，秦兵四下逃竄，軍心渙散之餘未戰先敗，士兵個個驚惶不已，甚至到了風聲鶴唳的地步，見到草木搖動都以爲是晉兵已經追到。

其實，在淝水戰爭之前，無論是兵力或部署的情況，都是苻堅佔居優勢，晉軍完全處於劣勢，但是，因爲謝玄的臨危不亂，反而在這場重要戰爭死裡求生，大獲全勝。

淝水之戰，因爲苻堅的錯誤判斷，讓自己痛失擊潰東晉的良機，王圖霸業轉眼成空。

這個歷史實例充分地突顯了智力的重要性，鬥力不如鬥智，身處劣勢的謝玄，猜透了苻堅急功近利的心態，讓苻堅不知不覺地「聽從」他的支配，也爲勝戰開啓了第一扇門。

從被動形勢轉變主動之局，這是謝玄贏得勝利的重要關鍵，而苻堅卻完全不知道對手的行動與企圖，一味認爲此戰乃「寡不敵衆」，於是就這麼一個誤判，讓他情勢逆轉，滿盤皆輸。

我們的人生不也是如此？

不管成功或幸福、快樂，都來自我們自己的選擇。不要總是被動地等待，必須學會如何掌握「主動」，才不會錯過任何有利機會，更能由退轉為進，隨時都能穩固地站立在自己的地盤上，掌握永遠的主控權。

別讓誤會成爲習慣

任何人事物的串連與發生，不管已經成為習慣，還是正在形成習慣，一定都有其前因後果。

心理學家常說，人是「慣性」的動物。

在日常生活中，每個人都有一些好習慣，也有若干壞習慣，但不管是哪一種「習慣」，都需要時間培養，也一定有它形成的因果。只要把原因找出來，我們便可以把壞習慣改掉，讓好習慣更加發揚光大！

有一個小女孩很喜歡待在廚房中，一邊看著媽媽煮飯煮菜，一邊學習烹飪的技巧。有一天，媽媽從冰箱中拿出了一條魚，像往常一樣準備烹調時，小女孩卻好奇地問媽媽：「媽咪，爲什麼妳每次煎魚的時候，都要把魚頭和魚尾切下來，另外煎呢？」

被女兒這麼一問，媽媽傻眼了，只好回答說：「因爲……我從小就是看著外婆這麼煎的啊！」

媽媽知道這個答案很牽強，沒辦法滿足小女孩的好奇心理，於是她打了一通電話回娘家去，探究事情的原因。

終於答案揭曉，原來是因爲小時候她家裡的鍋子太小了，無法放下一整條魚，所以，她的母親只好把魚頭和魚尾分別切下來，另外再煎。

不知不覺中，她也養成了這種煎魚方式。

有一個老爸爸愛吃魚頭的故事，也很讓人印象深刻。

故事裡，有個孩子從小就注意到，吃飯的時候，爸爸只挑魚頭來吃，剩下的魚身他從來不吃，全都留給孩子。

長大後，孩子非常孝順，每天都會買魚頭給父親吃。

後來，老爸爸有次生病，病得非常重，孩子便煮了一堆魚頭，準備表達孝心。

沒想到，老爸爸看了這堆魚頭，卻皺著眉頭說：「我討厭吃魚頭了！」

孩子吃驚地問：「爸爸，您不是最喜歡吃魚頭的嗎？從小您都不吃魚肉，只挑魚頭吃啊！」

老爸爸神情難過地說：「以前，家裡的經濟情況很差，只夠買一條魚，當時你正在發育，非常需要營養，而且魚頭也不好吃，所以我就挑魚頭吃，把魚肉留給你吃啊！」

雖然這兩個故事的主旨不同，但是延伸出來的問題卻一樣。以爲煎魚要分割、以爲爸爸愛吃魚頭，這些既定的印象，使得故事中的媽媽和孩子慢慢地成爲一種習慣。

後來，他們更把這些習慣，結合成為生活中的一部分。直到他們探究出原因，才發現習慣與印象的背後，竟隱藏著如此深層的意義。因為家境不好，因為父母的呵寵，讓他們把畸型的記憶，變成了一種自然習慣。

從這兩則故事中，你發現了什麼？

任何人事物的串連與發生，不管已經成為習慣，還是正在形成習慣，一定都有其前因後果。如果是像「煎魚」的情況，只要找出原因，你就可以把錯誤的習慣修正過來；如果是愛吃魚頭的老爸爸，你更要把原因找出來，才不會因為誤解而留下任何遺憾。

「迷信」也能激勵士氣

只要不過度偏執，任何事物都有其存在的價值。只要運用的方式得宜，在最壞的事情當中，同樣也能找到一條成功的出路。

凡事有利必有弊，相對的，所謂的「壞事」，有壞的一面，自然也會有好的一面，這不是二元世界的矛盾，而是多元世界的包容。想把壞事變成好事，關鍵就在於放下心中的偏執。

當我們費煞心思，努力想要分辨「利弊之間的得失」、「好壞之間的取捨」時，何不先鑽出牛角尖，靜靜地思考事物的本質，設法讓我們眼中的不良事物，爲自己創造出正面的結局呢？

古時候，有一位將軍正準備率軍出征，由於當地是個巫術盛行的地方，每個人都非常相信巫術的預言。

於是，將軍在出發前，將士兵全都集合起來，聲明要爲這場戰役卜個卦，並請所有的士兵做見證。

他拿出了一百個銅錢，當衆對著上蒼祈禱：「神啊，如果這次戰役能夠大獲全勝，就請您讓這一百個銅錢的正面全部朝上。」

當將軍的左右參將聽見他這麼說時，紛紛驚恐地上前勸阻，但是，將軍卻執意進行。只見他揮手一擲，所有銅錢紛紛鏗鏘落地，這時所有人全都屏氣凝神，專注地看著地上的銅錢。

忽然間，衆士兵歡聲雷動，沒想到這一百個銅錢眞的全都正面朝上，此時士氣立大振，大家都等著要上戰場贏得勝利，凱旋而歸。接著，將軍又說：「好！現在我們用一百個釘子，將這些銅錢全釘在地上，等我們大勝歸來後，再將這些銅錢取出來，好好拜謝天神。」

這回果然打了場漂亮的戰役，他們大勝而歸，而將軍也履行約定，將地上的銅錢一一取出，準備設宴酬謝神明。就在這個時候，大家卻赫然發現，這些銅錢的正反兩面，原來都是同樣的圖案。

這是北宋名將狄青的一則軼事，收錄在馮夢龍的《智囊》。

其實，這正是利用負面的事物，進行正面的心理建設的一個最佳範例。爲了建立士兵們的信心，狄青利用士兵們「迷信」的特點，假借占卜所得出來的答案，以提振士氣。

因爲相信占卜的人，往往認爲答案裡存在著神明的意志和力量，必然有助於他們完成目標。

所以，我們不妨換個樂觀的角度思考，只要不過度偏執，就算「迷信」，也有其存在的價值。

人生過程會有順境，也會有逆境，但無論是順境或逆境，其實都源自於心境。也就是說，心境決定了我們的處境是逆境還是順境。因此，遇見難題時，最重要的工作就是加強心理建設，增強自己和周遭人的信心。

就像狄青一樣，只要運用的方式得宜，在最壞的事情當中，同樣也能找到一條成功的出路。

時間，就是你唯一的資產

法國文豪巴爾札克說過，對一個擁有聰明才智卻沒有其他財產的人而言，時間就是他唯一的資產。

我們都經常感嘆「生命如此短暫」，問題是，大多數的人明知道「歲月如梭」，卻仍然不願意積極把握自己短暫而珍貴的生命。時間給人的感覺和價值純綷因人而異，時間可以是一文不值，卻也可以是無價之寶。

有一天，法國作家伏爾泰跟朋友說了這麼一個故事。

他說，古時候有個國家舉辦了一個國王競選比賽，參賽者必須回答以下這道難題：「世界上，什麼東西是最長也是最短的，是最快也是最慢的，雖然廣大卻又能分割，最不受重視卻又令人珍惜。沒有了它，我們什麼事都做不成，雖然它會使所有的渺小事物泯滅消失，但是，卻又能讓一切偉大的事物生生不息？」

這時，聰明的查第格毫不考慮地回答：「答案就是時間。」

查第格解釋說：「因爲，沒有任何事物比時間更長的了。時間是個永無止境的東西，但是最短的也是它，因爲它稍縱即逝，使得我們有許多計劃都來不及完成。對於那些只想著玩樂的人們，時間是飛快的；對於等待成功的人來說，時間則是緩慢的。

在所有事物中，只有時間可以無限分割，也可以擴展到無窮。

我們經常忽略了時間的重要性，總是等到時光流逝，才會急著說要珍惜，卻已爲時太晚。不過，世界上如果沒有了時間，任何事情都不可能完成。

對於一些渺小、不値一提的事，會隨著時間的推移，使人漸漸淡忘；但是那些偉大的事，時間則會讓它永垂不朽。」

法國文豪巴爾札克說過，對一個擁有聰明才智卻沒有其他財產的人而言，時間就是他唯一的資產。

我們每天都在和時間角力，有人曾經超越了它，也有人曾被它遺棄，雖然它翻臉就像翻書一樣快，但是，只要懂得珍惜，時間也會像個母親一樣，盡其所能地保護我們，不讓任何人偷走我們的生命，甚至還會多撥出一些時間給我們，讓我們早日完成美麗的夢想！

當你體會到時光迅速無常的時候，請認眞地想一想，你的生命和時間要如何運用，才會別人活得更有價值！

Part 9

不要在崇拜情節裡迷失自己

當你急著找尋自己與名人們的相似點時，
千萬不要把他們跌倒的姿態也列為你膜拜的重點
因為那只會讓你跟錯了步伐，走錯了人生的方向

越刻意，越容易失去

人和人之間就像放風箏一樣，在一收一放之間，我們才能享受風箏高飛的樂趣，也才能體會出自由的可貴。

人與人之間的糾葛，很多時候源自於想緊緊掌控對方，結果適得其反，內心因而滋生不滿與怨懟。唯有放下那些偏執的念頭，人才能活得自在快活，才不會被心中的執念勒得喘不過氣。

生活要有廣度，愛情要有寬度，如果你狹隘地將它們設限，或是只顧自己立場多所要求，那麼，生活便會在你的設限裡失去價值，愛情更會在你的強迫要求下消失不見。

一個即將出嫁的女孩，問著母親：「媽媽，結婚以後，我要怎樣才能把握住愛情呢？」

母親聽了女兒的話，沒直接回答，甜甜地笑了笑，然後從地上抓起一把沙子。女孩發現，那把沙子在母親的手裡，圓圓滿滿，沒有一點撒落。接著，母親用力將雙手握緊，沙子立刻從她的指縫間瀉落下來，等她再把手張開時，原來的那堆沙子已經所剩無幾，而原本圓圓的形狀也被壓得扁扁的。女孩看著母親手中的沙子，終於明白了，笑笑地點了點頭。

母親的這個動作是要告訴女兒，愛情不需要刻意把握，因爲越是想抓牢的東西，反而越容易失去。最後，更會失去自己、失去原則，甚至失去彼此之間應該維持的寬容和諒解。受限的愛情不只失去了意義，也會變得扭曲變形。

所謂君子之交淡如水，是因爲不忮不求、隨緣自在，反而更能讓彼此的情誼源遠流長。

人與人之間的交流，一旦別有目的，希望自己或別人能夠刻意遷就，那麼兩個人之間的距離也就因此而肯定要加寬加大了。

太過刻意，容易讓對方產生壓力，太過刻意，也會讓人否定你的誠意，並造成彼此的誤解與爭執；特別是在愛情的世界，太想佔有，反而會讓彼此更無法互相擁有。

人和人之間相處就像放風箏一樣，在一收一放之間，我們才能享受風箏高飛的樂趣，也才能體會出自由的可貴。

確認方向之後再上路

不管過程多麼艱辛，就在你認定方向無誤的同時，你就已經走在成功的道路上了。

所謂的成功，並不是賺到比別人更多的財富，也不是活得比別人更體面，而是設定自己的人生目標，鍥而不捨地奔馳在自己的跑道上。

要是一味以財富、權勢、地位作爲衡量標準，那麼成功就變成弱肉強食、優勝劣汰的殘酷競爭了。

想要成功，必須認清自己，捨棄虛榮心理。

如果，你知道你想要的是什麼，也知道自己正在做什麼，那麼恭禧你，成功已經站在你的面前了。

如果，你直到現在都搞不清楚自己的人生目標，那麼，你又有什麼資格怨天尤人呢？

亨利．福特是美國汽車工業的巨頭，有一段期間，他曾經非常欣賞一位年輕人的才華。於是，惜才的福特先生決定幫助這個年輕人，讓他實現他的夢想。

不過，這個年輕人一說出他的夢想，便把福特先生嚇了一大跳，因爲他說：「我一生的最大願望，就是賺到一千億美元！」

這個數字遠超過亨利．福特財產的數百倍，於是他好奇地問這個年輕人：「你要那麼多錢做什麼？」

這個年輕人遲疑了一下，搔著頭說：「其實，我也不知道要做什麼，我只是覺得那樣才算成功吧！」

福特聽了年輕人的話，嚴肅地說：「你若眞的有了那麼多錢，恐怕連上帝也會感到不安吧！我想，你還是先別考慮這件事吧！」

從此之後，大約有五年的時間，福特拒絕接見這個年輕人。

直到有一天，這個年輕人告訴福特，他想創辦一所大學，如今他已經存了十萬美元，還缺十萬經費。

福特便從這天開始，重新幫助這個年輕人，而他們兩人也沒有再提那一千億美元的事。

他們一起努力了八年，年輕人的第一個夢想終於成功了，這個人便是著名的伊利諾斯大學分校的創始人。

就像福特問年輕人的夢想是什麼，我們不妨也問問自己：「我的人生目標在哪裡？」

如果連自己都不知道，那麼就算有再多人伸出援手也沒用，因爲你的漫無目標，只會白白浪費這些幫助與機會。

你覺得現在的自己一無所成，內心感到相當懊惱嗎？那麼你得先確定，現在的工作是不是你的興趣所在，或是通往人生目標的中途站，是不是你想要的機會。

只要你能確認眼前這一切都是自己想要的，那麼便不需再猶豫了，努力實踐吧！因爲，不管過程多麼艱辛，就在你認定方向無誤的同時，你就已經走在成功的道路上了。

設限少一點，機會多一點

才剛剛開始，便設定了一堆條件，薪水不高，免談！工作太辛苦，不幹！要加班，請找別人！請問，像這樣的「人才」，哪位大老闆敢用你呢？

對於那些自視甚高，習慣挑剔結婚對象的人，有一句台灣諺語是這麼形容的：

「揀來揀去，揀到一個賣龍眼！」

你以爲標準訂得越高，就一定能擁有最好的機會嗎？

其實剛好相反，門檻設得越高，能夠跨門而入的機會就越少。所以，想要有更多的選擇機會，請先把自己心裡的那道門檻打掉，如此，你才有機會遇到最好的那一個。

小雅是個眼光非常高的女孩，對於結婚的對象，她訂下了一個非常完美的標準：「要英俊、健康、文雅、待人熱情、開朗大方」，此外，還要「有錢有勢、聰明機智」，總之就是要一個完美無缺的男人。

當標準公佈之後，還眞的有許多富家子弟，認爲自己的條件頗爲符合，興高采烈地上門說媒。

但是，小雅卻來一個退一個，不管對方條件多麼好，她就是有辦法挑出對方的缺點，並且嚴厲地予以回絕。

她最常說的話是：「什麼？要我嫁給這樣的男人？唉呀，你看看他吧！瞧他那個模樣，尖嘴猴腮，一臉窮酸相！」

於是，小雅不是挑這個沒有幽默感，便是嫌那個有蒜頭鼻，不是這裡有毛病，就是那裡出問題，總之沒有一個男人能讓她看得順眼。

隨著時光流逝，許多條件較優秀的求婚者慢慢減少之後，緊接著上場的求婚者，自然只剩下一些泛泛之輩。

當然，小雅更沒辦法把他們看進眼裡了，她嘲諷著說：「哼，他們以爲我嫁不出去啊！我就算眞的找不到男人，也不必親自爲這些傢伙開門吧！就算夜裡只有我一個人，我也不會感到孤獨。」

於是，時間一年又一年地過去了，「求婚者」慢慢地消失，到最後，再也沒有人登門拜訪了。

當小雅驚覺這種慘狀之時，憂傷和不安已經悄悄地跟隨著她，她的容貌開始衰老，再也看不見青春的色彩。

有一天，她坐在梳妝台前，長長地嘆了一口氣，對著鏡裡的自己說：「趕快找一個丈夫吧！」

當小雅說出這句話時，她的親朋好友都不相信這是她的眞心話，因爲她要求的條件都不見了，甚至只要是男人，其他的都無所謂了！

最後，小雅嫁給了一個大老粗，而這個老粗竟然沒有一項符合她過去的條件，但此時的小雅雖然心中有悔，卻也不得不屈就。

關於愛情的無奈，德國作家雷馬克曾經寫道：「人們往往在愛情上提出太多的問題，有朝一日，當你知道答案的時候，愛情卻已經溜走了。」

不論是愛情或工作，每個人都應該爲自己設定標準，但是別忘了，要理性冷靜地檢視這些標準合不合理，千萬不要眼高手低。

小雅的情況，不是只有女人才會發生，許多男人的眼光也很高。對這些人而言，婚姻不是爲了「愛」，而是一個人生必經的過程，所以他們會設定一個高標準，把婚姻視爲一種人生交易。

就像買賣商品的交易一般，他們會仔細審核貨物的品質，並且要求產品不能有任何瑕疵。

只是，當一切條件都符合之後，交易成功了，他們面對的問題才正要開始：這樣的「產品」是否眞的適合自己？

這樣的婚姻眞的會讓自己幸福快樂嗎？

就像許多找工作的人一樣，有人可以把一切條件放寬，從頭開始，再慢慢地達到自己所期望的目標。

有人則是才剛剛開始，便設定了一堆條件，薪水不高，免談！工作太辛苦，不幹！要加班，請找別人！

請問，像這樣的「人才」，哪位大老闆敢用你呢？

愛情也是一樣的道理，你的期望與要求得慢慢來，先把外在的設限通通解除，你才能在衆多的人選中，慢慢地發掘那個最適合你的人。

想要成功，就不能情緒失控

當你急著與人爭論時，何不先將情緒轉化一下，讓思緒澄清，才不會因為一時的情緒失控，造成難以彌補的遺憾！

修養再好的人，也難免會有激動的情緒。

不同的是，修養好的人懂得如何宣洩，不會將個人的情緒爆發出來，更不會將不滿和憤怒加諸在其他人的身上。

就像下面故事中的主角艾帝巴，就是以跑步的方式，將心中的負面情緒一點一滴地轉化，讓負面的情緒變成正面的生命動力與能量，用來積極地開創自己的美好人生。

艾帝巴每當與別人發生爭執，就會以跑百米的速度跑回家中，然後繞著自己的房子和土地跑三圈。

由於艾帝巴辛勤努力地工作，房子變得越來越大，土地也越來越廣。但是，不管房子、土地有多寬廣，只要艾帝巴與人起了爭執，仍然會繞著房子和土地跑三圈。

有人問他說：「艾帝巴，爲什麼每次你生氣的時候，都要繞著房子和土地跑三圈呢？」

與艾帝巴親近的人，都很想知道答案，但是，不管大家怎麼逼問，艾帝巴仍然不願意說出原因。

直到有一天，大家才知道他的想法。

這時的艾帝巴年事已高，他的房地產也拓展得非常廣闊了，然而，他仍然只要一生氣，即使拄著拐杖，也要繞著土地和房子走完三圈。

這時，太陽就快下山了，他獨自坐在田邊喘氣。

而他的孫子則坐在他的身邊懇求道：「爺爺！您已經一大把年紀了，不能再像從前那樣一生氣就繞著土地跑，那會累壞身體的。還有，您可不可以告訴我，爲什麼您一生氣，就要繞著土地跑三圈呢？」

艾帝巴終於說出口了：「因爲年輕的時候，我只要一和別人爭論、生氣，就會回到這兒繞著房地跑三圈，邊跑邊想，自己的房子這麼小，土地這麼少，哪有時間和別人生氣呢？一想到這裡，我的氣就消了，也才能把所有的時間和精神都用來努力工作。」

孫子問：「公公！那您年紀這麼大了，也已經很有錢了，爲什麼還要繞著房子和土地跑呢？」

艾帝巴笑著說：「我現在還是會生氣，生氣時繞著房子和土地跑三圈，邊跑邊想著自己的房子這麼大，土地這麼多，又何必爲了一點小事和別人計較呢？一想到這裡，我的氣就消了。」

這是艾帝巴宣洩情緒的方式，他將憤怒轉化爲力量，以正面的態度，面對與人爭執時的不平。

年輕的時候，繞著房屋與土地跑，他用自我激勵的方式，積極地面對自己的人生，晚年則在寬恕別人的省思中，包容與他爭吵的人們。

生命是從反覆地自省中，慢慢地學習、成長，且並累積出正面的價值觀。艾帝巴的人生便是如此，他的生命充滿了「積極、包容與自省」，這些是許多人最難做到的三件事，而艾帝巴卻堅持了一生，這當然也是他成功的最重要秘訣。

當你急著與人爭論時，何不學學艾帝巴，先將情緒轉化一下，讓思緒澄清，才不會因爲一時的情緒失控，造成難以彌補的遺憾！

別給自己挑三揀四的藉口

沒有過去的經驗，你就無從比較出今天是幸運還是辛苦，就算真的很累，你也沒有藉口抱怨。

每個人都會有一定的惰性，渴望不必付出便能收穫，更希望幸運之神能從天而降，滿足自己的每一個希望。

但這只是我們心中的幻想，而且是絕對不可能發生的，因爲幸福與機會要靠自己努力爭取，不曾努力栽種的人，又怎會有豐收的喜悅？

在農村長大的小華，自從畢業之後，一直都找不到工作，求職態度一點也不積極的他，便歸咎於經濟不景氣，最後乾脆回到鄉下，每天待在家中，讀一些言不及義的小說，或者上網、看電視打發時間，日子過得可說是非常地自在又逍遙。

有一天，他的父親終於看不下去了，便叫他拉著家裡的老牛、小牛，一起到田裡幫忙。不過，老牛一點都不聽小華的話，步子邁得極爲緩慢，非常不賣力工作，所有的力量全都落在後面的小牛身上。

但是，不知道爲什麼，父親的鞭子卻不是打在老牛的身上，而是不斷地往小牛的背脊上抽打。

小華不解地問父親：「爸爸，偷懶的是老牛啊，你爲什麼不打老牛，而要打小牛呢？」

父親搖搖頭說：「你看不出來嗎？那老牛可不是懶得出力，牠只是想讓小牛好好地練練筋骨啊！」

小華聽了心中一驚，忽然覺得自己很可恥，他一直都沒有努力過，整天只知道享受。隔天，深感慚愧的小華，自覺無顏待在家中，於是便收拾了行李，積極地出去找工作了，從這天開始，他的社會磨練也正式開始了。

倘使你沒有經歷過辛苦，也沒有努力付出過，那麼，你怎麼會知道奮鬥過程中的酸甜苦辣？又如何能累積難得的生命經驗？

殊不知，當你仍蹲坐在原地，嘲笑別人的辛苦，諷刺付出者的愚昧時，別人正用汗水與淚水累積生命之光，而你的生命不僅越來越晦暗，蹲坐的範圍也越來越縮小。

沒有過去的經驗，你就無從比較出今天是幸運還是辛苦，就算眞的很累，你也沒有藉口抱怨。因此，找工作的時候，別再挑剔工作的時間或薪水了，沒有眞正付出之前，你都不能有任何「挑三揀四」的藉口。

把愛心用在對的地方

受人一日的恩惠，是要用百世來還的，這是老一輩人的感恩心懷，也許你可以很輕鬆地還完金錢債，但人情債還完了，仍得一輩子銘記於心。

很多人批評這個世界越來越現實功利，越來越缺乏愛心。

事實上，情況並不是這樣，愛心人人都有，只是有時付出得多，有時付出得少，更多時候則是遭到濫用。

在什麼樣的情況之下，愛心才能發揮最大的效用？

那就在人們正需要幫助的時候，我們及時地伸出援手，是救急，而不是救貧，並且適時給他們一個走出人生困境的正確指引，這樣的付出才能達到最好的效果。

從前有位善良的富翁，在設計新建的屋舍時，特別請建築師將屋簷加長，並把騎樓加寬，因為他想讓那些貧苦無依的人們，遇到風雪的時候，可以在這個屋簷下暫時躲避、休息。

房子終於建成了，而且加長加寬的屋簷，果真發揮了功效，有許多貧窮的人們，開始慢慢地聚集，甚至還在騎樓下擺起了小攤子，做起買賣生意，更誇張的是，還有人乾脆在那兒生火煮飯。

由於聚集的人實在太多了，每天都是嘈雜的人聲與濃烈的油煙，使得富翁一家人不堪其擾，更有家丁因此與這些人爭吵不休。

那年冬天，有個老人在屋簷下凍死了，所有人都大罵富翁為富不仁；隔年的夏天來了一場颶風，把富翁家長長的屋頂吹掀了，那些不知感恩的人們，還紛紛說這是富翁的「惡報」。

因此，重修屋頂時，富翁要求建築師將屋簷縮小。

因爲，富翁終於知道，受惠者並不會因爲接受施捨而感恩，反而更容易因此心生自卑，再由自卑演變成了敵意。

富翁另外撥了一筆錢捐給慈善機構，並蓋了一間房子，當作臨時避難所。雖然這個屋子所能庇護的範圍比之前的屋簷小，但是獨立的空間卻可以讓許多無家可歸的人，在這裡獲得暫時的保護。從此，富翁便成爲當地最受歡迎的人，在他往生之後，人們仍繼續接受他的恩惠，同時也讓感恩與懷念他的人與日驟增。

這個故事充分地表現了人性的貪婪，因爲富翁錯誤的愛心，讓不知足的人們有了欺善的機會。

我們並不是要否定愛心的付出，而是強調當接受施捨的人不知感恩，坐享別人用血汗賺取的財富時，散播愛心的方式也要適時調整。

老富翁最後建造了一間屋舍，讓更多人能夠有安身之所，讓愛的傳遞有了延續，那是富翁大愛的無私與寬宏。

只是，我們更要想想，這些接受施捨的人們，在享受著富翁的大愛之餘，能不能也將這分愛心傳遞，分享給更多人呢？

受人一日的恩惠，是要用一世來還的，這是老一輩人的感恩心懷。在人情澆薄的現代社會，我們更要記住這點，也許你可以很輕鬆地還完金錢債，但人情債還完了，仍得一輩子銘記於心。

不要在崇拜情結裡迷失自己

當你急著找尋自己與名人們的相似點時，千萬不要把他們跌倒的姿態也列為你膜拜的重點，因為那只會讓你跟錯了步伐，走錯了人生的方向。

因爲崇拜名人的情結，所以我們容易把名聲響亮的人視爲無所不能的全才，並把這些只是在某方面優秀的才子，放在不適當的位置上，然後一窩蜂地加以頂禮膜拜。

俄國詩聖普希金的一則軼事，無疑印證了這種情結的荒謬。

普希金雖然是位偉大的詩人，但是，他的數學能力卻非常差。

有一次，唸小學的普希金發現老師講解的數學試題，每一題的結果都是零，於是從此以後，不管老師出什麼題目，普希金幾乎連題目都不看，就直接在等號後面寫上了「○」。

不管老師如何仔細心教導他，普希金的數學答案永遠都無法改變。老師非常頭痛，最後也只好對著這個完全無法開導的孩子說：「去寫你的詩吧！看來，數學對你來說只意味著一個零。」

普希金成名以後，有一次，坐著四輪馬車去基輔城。半途中，馬車忽然翻倒，普希金從馬車中爬了出來，走進了旁邊的一間小旅館。當老闆知道他就是偉大的詩人普希金，內心非常興奮，連忙跑到地窖拿出一瓶最好的紅酒，來款待這位貴客。

老闆娘則拿來了一本很大的旅客登記簿，請求普希金簽名。

正當普希金正在登記簿上寫下了自己的名字之時，老闆的小兒子也恭恭敬敬地捧著一本練習本，站在他的面前，等著請詩人爲他簽名。

普希金這時卻看見這本練習本上，有一道數學試題，他以爲小男孩要他解答這道題目，於是像過去一樣，用筆在算式的等號後面寫上了「○」，接著開笑地對小男孩說：「小朋友，試試你的運氣如何？」

第二天，這個偉大詩人寫下的答案，被老師打了一個鮮紅的「×」。

小男孩簡直不敢相信，漲紅臉對著老師說：「不可能會錯的，這是普希金本人算出來的答案啊！」

這件事被學校又老又瞎的榮譽校長知道後，這位老人家說：「好啦！這有什麼好吵的呢？像我其實不懂教育，但是卻被邀請來做你們的榮譽校長；而普希金其實也不懂數學，你們就不必多做爭執了，就讓這個零，作爲這道題目的榮譽答案吧！」

故事中的老校長可以用「榮譽答案」，來解決孩子的崇拜與老師專業的衝突，然而在現實生活中，我們卻不能在這樣的崇拜中迷失自己。

大部分的人通常只有一兩種專長，再偉大的人，也都是因爲某部分偉大的特長而名聞於世，所以，除了上天特別賦予的這個天分外，在其他部分，我們幾乎都能比他們強，但是，爲什麼我們無法超越他們呢？

因爲，我們盲目地崇拜，相信這些天才的一切都比我們強，就算是他們跌倒的動作，也會認爲別具意義。

沒有人是完美無缺的，名氣並不能代表絕對的完美，當你急著找尋自己與名人們的相似點時，千萬不要把他們跌倒的姿態也列爲你膜拜的崇拜，因爲那只會讓你跟錯了步伐，走錯了人生的方向。

利他，就是利己

沒有人有義務要讓出空間，任你莽撞地牛奔。萬一撞傷了或撞毀了生活時，你還是得花自己的時間去彌補，有時候恐怕一輩子也補不回來！

現實生活中，沒有任何一個「意外」會好心的提醒你，要你小心躲開突如其來的災禍。

如果你有著一對牛大的雙眼，卻看不見前面的阻礙物，老是一股勁地橫衝直撞，那麼即使運氣再好，也總會有闖禍的一天。

人際關係也是如此，大多數的人際困擾和齟齬，其實都來自於我們放不下「我執」，習於站在自己的立場，很少設身處地爲別人著想。

有一位教授出了一道題目，請同學們思考：「有個盲人在晚上出門時，喜歡提著一盞燈籠，當然這個用來照明的燈籠，對一個盲人來說一點用處也沒有，不過，你們仔細想一想，爲什麼這位盲人朋友晚上出門的時候，都要提著燈籠呢？」

學生們熱烈地討論著，答案可說是五花八門。

有人說：「他是要買給兒子的。」

有人說：「因爲，晚上比較冷，他想用來取暖吧！」

更有人說：「因爲，他想隱瞞自己看不見的事實。」

答案千奇百怪，每一個答案有它的合理性，也各有各的道理，畢竟像這樣特別的問題，是沒有任何標準答案的。

但是，大家的回答，仍然免不了有所侷限，只針對盲人朋友的眼盲去思考，所以沒有人說出眞正的答案：「盲人朋友是爲了能照亮別人，如此一來，他才不會經常被人們撞到。」

在偌大的馬路上，你是否也曾經撞倒別人？或是走路的時候東張西望，一不小心踩到別人的腳，讓人痛得哇哇叫？

這時候，一定有人會破口大罵：「你是瞎了眼啊！」或是：「你走路幹嘛不長眼睛啊！」

在這種時候，你也眼盲了，而且比眞正的盲胞更慘，他們眼盲但心不盲，仍然可以用他們心眼，看見前進的方向；而你卻是心眼皆盲，跌跌撞撞地走在陽光普照的大街上。

當故事中的盲人朋友晚上提著燈籠，爲你照亮前途時，你是反省自己是否曾撞倒他們，還是認爲他們理所當然要閃開一點？

其實，沒有人有義務要讓出空間，任你莽撞地牛奔。

萬一撞傷了或撞毀了生活時，你還是得花自己的時間去彌補，有時候恐怕一輩子也補不回來！

所以，「暗夜行路」的時候，若有人好心地點了盞燈籠爲你照明，請懷著感激的心情。

即使你沒有這種情懷，仍然要小心翼翼地在路上行走，因爲，那不僅保護了別人的安全，更保護著自己的未來。

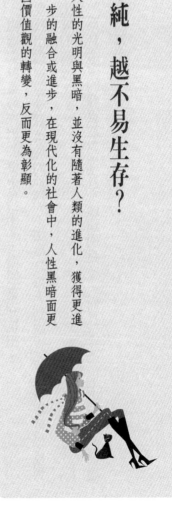

越單純，越不易生存？

人性的光明與黑暗，並沒有隨著人類的進化，獲得更進一步的融合或進步，在現代化的社會中，人性黑暗面更因價值觀的轉變，反而更為彰顯。

有人說，因爲性惡的本質，讓人們從出生開始，便懂得如何自衛自保；活在這個虛僞的現代社會，則讓人們非得學會比別人更加奸猾狡詐，才能在現實的環境裡生存。

但是，你不覺得累嗎？

該放下的時候就放下，別讓這些負面的想法停留在自己的腦海。或許，很多時候我們無法改變別人和置身的環境，但至少我們可以選擇自己面對人事物的態度。

蘇東坡被貶到黃州時，發現當地的豬肉價格非常低廉，然而價格雖低，但是富人不肯吃，貧窮人家也不懂得如何烹煮。

於是，他仔細地研究了一番，將紅燒豬肉的做法加以改良，發明了一道古今聞名的「東坡肉」。

後來，這道菜更是隨著蘇東坡的官位異動而傳到了杭州，並且非常受到老饕們的歡迎，還被列爲杭州的第一名菜。

這時，處處與蘇東坡作對的御史趙挺之，微服來到杭州。

爲了要找出繼續彈劾蘇東坡的把柄，趙挺之每天到處查訪，希望可以找到一些不利蘇東坡的證據。

但是，爲官清廉的蘇東坡對地方不僅建樹良多，而且深受當地老百姓的稱讚，所以他可說一無所獲。

找不到蘇東坡的把病，趙挺之非常苦惱。

當他得知每家餐館都把東坡肉列爲第一道名菜時，心中很不是味道，但是不久，狡獪的趙挺之忽然想到了一個念頭，他將十多家餐館的菜單全都收齊，一狀告到皇帝那兒。

趙挺之對皇帝說：「蘇東坡在杭州爲非作歹，大家都對他恨之入骨，所以每個人都想吃東坡肉。」

不明就裡的皇帝一看到這些菜單，果然發現在每張菜單上，第一道菜都是東坡肉，於是便不分青紅皂白地立刻把蘇東坡貶到更爲偏僻的惠州去了。

所謂「欲加之罪，何患無詞」，忠良賢臣憨厚純良的個性，總是敵不過像趙挺之這樣狡猾的小人。

當然，這還得配上昏庸愚鈍的皇帝，才有機會讓偏僻的鄉野也能留下賢良忠臣的足跡！

時間的巨輪不斷向前滾動，但人性當中的光明面與黑暗面，並沒有隨著人類的進化，獲得更進一步的融合或昇華。

在現代化的社會中，人性黑暗面更因價値觀的轉變，反而更爲彰顯，這是人類之福還是不幸？

當我們氣憤趙挺之陷害忠良，心疼賢良的無辜時，在你的心中，是否多了點與社會相互扶持的同心，少了點暴力相向的爭鬥呢？

Part 10

磨練越多，挫折越少

堅強你的意志，
勇敢地面對每一場重要的磨難，
當你能熬過每一個艱苦的日子時，
你便能成為永遠的勇士，
再多的辛苦也不足為懼。

快樂就在生活之中

內心的真正情緒，是騙不了自己的，你不如把尋找快樂的時間，拿來積極地生活吧！

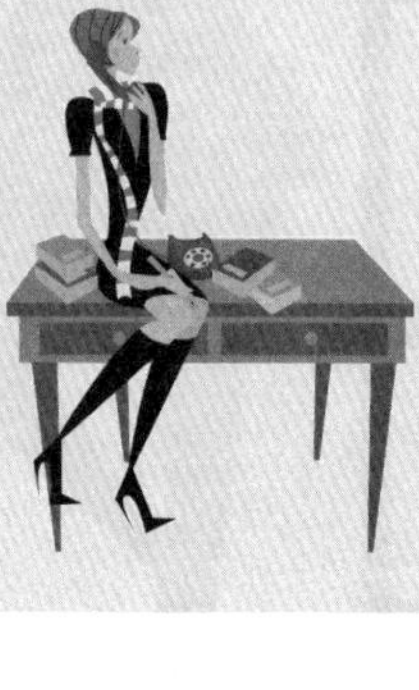

作家布萊恩曾說：「想要快樂，並不在於有沒有機會，而在於你是否有選擇的智慧。」

其實，環境本身並不能使我們快樂與否，我們對周圍環境的反應，才能決定我們的感覺。人生雖說是短暫，但是，當我們擁有選擇快樂的機會，又何必和自己的命運作對呢？

積極地生活，快樂便會積極地出現。

金錢與物質並不能眞正滿足心靈的需求，它們就像清潔劑一樣，也許可以掃除一時的不愉快，但是時間一過，污垢還是會再次沉積。

想要開心地生活，就要比別人更懂得生活的意義，了解心理的滿足與所需，快樂才會隨時在你的身邊出現。

有一群年輕人到處尋找快樂，可是不但沒有找到快樂，反而遇上了許多煩惱、憂愁與痛苦。

這天，他們來找希臘哲聖蘇格拉底，向他請教：「請問先知，快樂到底在什麼地方呢？」

蘇格拉底說：「不如你們先幫我造一條船吧！等船造好之後，我再告訴你們快樂在哪裡。」

於是，這群年輕人便把尋找快樂的事先放到一邊，開始進行造船的工作。他們找了許多造船的工具，然在森林中找到一棵高大、堅挺的樹，準備開始造船。

他們合力將大樹鋸倒，小心翼翼地挖空樹心做爲船身，總共花費了四十九天，終於把小船建造完成。

小船正式下水的那天，他們請來了蘇格拉底，大伙一起合力搖槳，一邊開心地齊聲高歌。

這時，蘇格拉底笑著問他們：「孩子們，你們快樂嗎？」

所有的人都齊聲回答：「快樂極了！」

蘇格拉底點了點頭，說道：「這就是快樂，當你們刻意去尋找的時候，它是不會出現的，只有你忙得無暇他顧時，它才會突然造訪。」

莎士比亞說過：「當命運的鐵拳擊中要害的時候，只有快樂自在的人，才能處之泰然。」

的確，人生對痛苦的人來說，是漫長的歲月，對自在快樂的人，是短暫的片刻，因此，你到底想讓自己的人生無光黯淡，還是充滿驚嘆，完全在於你選擇痛苦，還是快樂？

你喜歡開心地哭，還是苦澀地笑？

現代人在紓解生活壓力的時候，總會用最刻意的方式尋找快樂。然而，當感官刺激結束之後，請深深地吸一口氣，感受一下激情之後的情緒，究竟是甜美，還是仍然苦澀難當？

內心的眞正情緒，是騙不了自己的，你不如把尋找快樂的時間，拿來積極地生活吧！

什麼叫「積極地生活」呢？

就是把時間，拿來做自己想做的事，不管事情是否一定會成功，也不管未來是不是如想像中美好，只要你能積極地生活，不要把時間浪費在無謂的搜尋中，那麼快樂便會自然而然地出現。

因爲，當你有目的地尋找快樂的時候，你不也正陷入了因爲找不到快樂的苦惱嗎？

錯誤的經驗，是成功的元素

只要不逃避、不退縮，一一將錯誤克服、解決，那麼便能將錯誤準確地丟進垃圾桶裡，不再重蹈覆轍。

成功的秘訣往往只有失敗過的人才瞭若指掌，但是，失敗之後如果不願站起來勇敢面對，又如何把這些絆倒自己的石頭變成墊腳石？

一個能夠勇敢面對錯誤的人，就不會經常犯錯；一個能夠時刻提醒自己不要犯錯的人，才能讓錯誤轉化爲成功的元素。

愛因斯坦是二十世紀最偉大的科學家之一，就在他發表相對論之後不久，接到了美國普林斯敦大學的聘書，請他到該校任教。

愛因斯坦接到了聘書，非常地開心，便欣然前往報到。

在普林斯敦大學方面，能聘請到如此偉大的人物，自然非常禮遇，一點也不敢怠慢，在愛因斯坦報到的第一天，就有專人爲他服務。

他們帶著愛因斯坦，來到他的專屬辦公室。

愛因斯坦看到如此寬敞的辦公室，像個孩子一樣，臉上堆了滿滿的笑意，服務人員禮貌地問他：「請問辦公室還缺少什麼嗎？如果您有任何需要，我們會馬上補齊。」

愛因斯坦聽了之後，仔細地巡視了辦公室的四周，接著對著服務人員說：「一切都很齊全了！不過，我需要大量的紙張和筆，以方便我的演算，對了，還要一個加大的垃圾桶。」

服務人員一一記下愛因斯坦補充的物品，寫到「垃圾桶」時，卻納悶地問：「加大的垃圾桶？有什麼特別用途嗎？」

愛因斯坦笑了笑說：「是的，有很重要的用途，記得，垃圾桶要越大越好，這樣我才能把所有的錯誤，準確地丟進那個大垃圾桶裡！」

當愛因斯坦希望垃圾桶越大越好的時候，你還在爲了撇清錯誤的責任而躲躲藏藏嗎？

每一個人都會有犯錯的時刻，而且比成功的機會還多，所以我們需要一個大垃圾桶來整理。

只要不逃避、不退縮，一一將之克服、解決，那麼便能將錯誤準確地丟進垃圾桶裡，不再重蹈覆轍。

不要再躲躲藏藏了！勇敢地面對你應該承擔的過錯，仔細地自我反省與檢討，你才能從錯誤中走出來，並準確地捉住錯誤的問題所在，重新往成功的道路邁進。

迷信的人往往充滿自卑感

相信自己的能力吧！所有的奇蹟都是由人們的潛力所激發的，與其相信神佛的威力，不如相信自己的潛力吧！

很多人在遭遇困難，或是心中有所企求的時候，經常試圖透過神佛的力量來幫自己解決難題，或是達成目的。

問題是，神佛眞的會幫助這些不肯努力的人嗎？

寧願依賴神像的威力，卻不相信自己能力的人，自卑與逃避將是他人生的唯一結果。

傳說中，兩界山曾經鎮壓過齊天大聖孫悟空，後來孫悟空跟了唐僧前往西天取經，終於修成了正果，於是人們便在這裡建了一座齊天大聖廟，香火極爲旺盛。

有一天，有一隻不知天高地厚的平凡猴子，來到這個廟中，竟然偷偷地把齊天大聖的神像搬開，大膽地坐了上去，每天厚著臉皮接受人們的香火，並且大啖人們供奉的鮮果。

這隻猴子還經常溜回原來的猴山，大肆嘲笑人們虔誠的供奉，更把人類懇切的乞求當作笑話，說給牠的同伴們聽。

有個同伴好奇地問：「你怎麼敢長期待下去呢？」

這隻猴子不屑地說：「怎麼不敢！」

牠咬了一口人們供奉的蘋果，接著說：「你們想，這隻木雕的齊天大聖怎麼能跟我比？那不過是一塊木頭，而我才是一隻眞正的猴子啊！」

有隻猴子感到不可思議地說：「爲什麼人類一天到晚在山上捕捉我們，卻又甘心向你磕頭呢？這件事實在是難以理解。」

這隻冒充齊天大聖的猴子說：「這有什麼難以理解的？人類不就是那副德性，不管啥東西坐上了神的寶座，他們自然就會對它頂禮膜拜，哪管是猴子還是木頭咧！」

這是一則可笑又可悲的寓言！

自命不凡的人類，自詡爲萬物之靈的人類，結果在猴子的眼中，不過是種迷信的愚昧動物。

迷信的人通常充滿自卑感，他們對自己比較沒有信心，所以很容易被有心人利用，或被神棍們看透心理弱點，而被誘騙上當。

你是相信人多一點，還是相信神多一點呢？

其實，神佛是人類影像的投射，終究由人所操控，唯有清明澄澈的心靈才能操之在己。

佛道的最終目的，千百年來都是勸人爲善，最終仍然是在強調實踐「人道」，而非佛道。所以，心中有神佛的人，只要能夠以性善爲根本，只需雙手合十，朝天空膜拜，就一定能激發心靈的力量。

相信自己的能力吧！所有的奇蹟都是由人們的潛力所激發的，與其相信神佛的威力，不如相信自己的潛力吧！

提防看不見的陷阱

想要過得幸福安康，不想莫名其妙地犧牲，就得隨時保有危機意識，把暗溝的設想範圍加大，你才能躲過深淺難測的漩渦。

生活處處危機，但看得見的危險不叫陷阱，因爲它會帶你避開阻力，有時也會成爲前進的助力。

所以，你根本不必擔心眼前的險灘，反而要小心那些你完全看不到的暗流，是否正潛藏著難以預測的危機。

在一艘客輪中，有一位旅客正與船長閒聊：「船長先生，您對海岸的每一處險灘都摸得一清二楚嗎？」

船長對著客人說：「海岸的險灘？我一點也不清楚。」

旅客一聽，相當驚訝地說：「什麼？您不知道？不知道險灘在哪裡，您怎麼能開船呢？」

船長看著客人，鎭定地說：「爲什麼一定要在險灘之間摸索呢？我只要知道深水、海溝在哪裡，這就夠了！」

旅客聽後不解地問：「爲什麼知道深水處在哪兒就夠了呢？爲什麼可以不知道險灘在哪裡？」

船長說：「因爲險灘易防，深水難測啊！險灘我們可以看得見，但是潛藏在水底的海溝，卻是肉眼所看不見的。」

旅客聽完之後，點了點頭，也更加放心地搭乘這艘輪船四處遊玩了。

什麼才是最危險的情況？哪些危險才是我們應該注意的？

是用目測就可以發現的險灘，還是完全看不見的水底暗溝？

大家都知道不能到深水的地方玩耍，但是，意外發生的地點，往往都是靠近岸邊的漩渦，這不是防不勝防的問題，而是多數人根本都沒有危機意識。

明槍易躲，暗箭難防，真正的陷阱很難一眼就看穿。

現實生活中也是一樣，想要過得幸福安康，不想莫名其妙地犧牲，就得隨時保有危機意識，把暗溝的設想範圍加大，唯有如此，你才能躲過深淺難測的漩渦。

越急躁，越容易出錯

不管做什麼事，都不能太過急躁，否則容易變成揠苗助長，不僅徒勞無功，甚至連成功的機會都沒有了。

生活中有太多的苦惱，其實都是我們自己造成的。

不顧事物發展的規律，強求速成，反而會把事情越弄越糟。

越急躁，越容易出差錯，許多生活中的小插曲，不都一再告訴我們「欲速則不達」的道理？

小明在八歲生日的當天，收到爺爺送給他的一分生日禮物，那是一隻可愛的小烏龜。

小明非常興奮，急著要和烏龜一起玩耍，於是立刻把小烏龜放到地上，等著烏龜伸出手、腳與頭。

但是，初到陌生環境的烏龜，卻完全縮在龜殼裡，不肯伸出手腳。心急的小明不是用棍子捅，便是用他的小手用力拉扯，但是，不管他用了多少方法，小烏龜仍然一點反應也沒有。

這時，爺爺看到他的舉動越來越粗暴，連忙阻止他，並教他說：「不要用這種方法，來，我教你一個更好的辦法。」

於是，爺爺帶著小明和小烏龜進入屋內，把小烏龜放在暖爐旁邊，並叫小明不要太靠近，不到幾秒鐘，小烏龜便伸出了頭和腳，慢慢地朝小男孩的身邊爬去。

如果爺爺不及時出現的話，恐怕再遲一秒，小烏龜便要魂歸西天了。

因爲小明只是個孩子，所以我們可以原諒他的無知與性急，但是已經成人的你，若還像小孩子一樣處事急躁，強求速成，那就不能原諒了。處事，都不能太過急躁，否則容易變成揠苗助長，不僅徒勞無功，甚至連成功的機會都沒有了。

試著放下焦躁的心理，順著事物的屬性發展，凡事順其自然，只要平時能踏踏實實地努力，慢步累積你的成功步伐，那麼成功的雙手一定會向你伸出來，與你示好！

多一個朋友，不如少一個敵人

寧可得罪一個壞人，也不要得罪一大群好人，人類是一個互助的體系，當你能將心比心，多替別人想一想時，人們自然也會同樣地體貼你。

一個人的胸襟是否寬廣，決定了他的世界大小。

擁有寬宏胸襟的人，即使遭逢困境，也會有人及時伸出援手，至於那些心胸狹隘、喜歡算計別人的人，就只能在困境中寸步難行了。

雖然人心詭譎多變，世事不能盡如人意，但是，只要沒有害人之心，每個人都能各退一步，便能建立友誼，在緊急時刻刻互相扶持。

有一隻狼從樹林中衝了出來，拼了命地往前跑，因爲有個獵人和一群獵狗正在牠的後面緊緊追趕。

就在牠惶恐奔跑的時候，眼前忽然出現了一個村莊，狼心想：「總算有個地方可以躲藏了！」

然而，沒想到此時村莊裡家家戶戶全都緊閉著門窗，竟然連個可以藏身的小洞都沒有。

忽然，牠看見有隻貓蹲在院子的籬笆上，於是便向貓哀求道：「善良的小貓咪，請你告訴我，村裡哪戶人家最仁慈善良？有誰肯伸出援手救救我呢？」

貓咪想了想，說：「哦，那我會去求潘斯傑，因爲這個村子裡，他是最和善的人了，你快去請潘斯傑幫忙吧！」

「潘斯傑？」狼聽了之後，怯懦地說：「哦……，是嗎？可是，我以前偷過他的一隻小豬。」

貓聽狼這麼說，立即又說：「那麼，你去傑米那兒試試吧！」

誰知道，狼聽了貓咪好心的指引，反而更小聲地說：「這個……恐怕傑米也正準備找我算帳吧！因爲，我不久前才剛捉走他的小羊。」

貓咪瞪大了眼，又想了想，對狼說道：「那麼，你快點到隔壁的山姆那裡去躲躲吧！」

狼一聽幾乎快哭了，說：「山姆？不行哪！我不敢去，因爲從去年春天之後，他一直在逼我還給他小羔羊啊！」

貓咪無奈地搖了搖頭說：「你的狀況眞是糟糕啊！不然，你到克里姆那兒去碰碰運氣吧！」

狼這會終於忍不住嗚嚎了一聲：「啊！我也偷過克里姆的牛，我還把那隻牛給吃掉了。」

貓咪苦笑了一聲，對著顫抖的狼說：「我的朋友，如此看來，你在這兒肯定得不到任何保護了，快點逃命吧！別在這裡浪費時間了。」

可憐的狼，在性命交關的時候，竟然連個同情的幫助都得不到，不過，這個情況，卻也正是他自食惡果。

從這個寓言中，好好反省自己身邊的情況吧！

你樹立的敵人比結交的朋友多嗎？你覺得身邊的人看起來都很不順眼嗎？

寧可得罪一個壞人，也不要得罪一大群好人，因爲，人類是一個互助的體系，當你能將心比心，多替別人設身處地想一想時，人們自然也會同樣地體貼你。

只要不過度「私我」，你身邊便會多一個朋友，同時也少一個敵人。

磨練越多，挫折越少

堅強你的意志，勇敢地面對每一場重要的磨難，當你能熬過每一個艱苦的日子時，你便能成為永遠的勇士，再多的辛苦也不足為懼。

在人生道路上，成功固然可喜，萬一遭遇失敗挫折，也不必沮喪懊惱。

每一個挫折都是上天的贈予，爲了讓你鍛鍊心性、堅定意志、增加競爭力量，所以，當你遇到挫折的時候，應該樂觀地勉勵自己：磨練的機會往往比成功的契機還要可貴。

印第安人一向以慓悍聞名，他們之所以能這麼慓悍，與他們挑選下一代的方式有著極大的關係，那就是流傳於印第安人部落的「土法優生學」。

據說，在印第安人的部落中，如果有嬰兒出生，嬰孩的父親便會立即將孩子帶到高山上，並選擇一條水流湍急、水溫冰冷的河流，把嬰兒放在特製的搖籃中，讓小嬰兒與搖籃隨著河流漂浮。

至於新生兒的父親與族人，則會在河流的下游等候，等到搖籃流到下游時，檢視籃中的嬰兒，看看他是否依然活蹦亂跳。

如果小嬰兒仍活蹦亂跳的話，便證明他的生命力強韌，具備了他們族人的優生條件，父親會開心地帶回家中，好好地培養他長大成人。但是，若籃中的嬰兒禁不起如此折騰，發生不幸或驚慌大哭，他們則會把嬰兒與搖籃放回河流之中，任其自生自滅。

經過如此嚴苛的挑選，能夠倖存下來的印第安孩子，自然個個身強體壯，慓悍過人。

不過，這只是印第安人一般的篩選方式，如果是挑選部落中的勇士，則就更爲嚴厲了。他們會舉辦所謂的成年禮，當男孩到了一定的年紀時候，族人們會爲他舉行成年禮，在狂歡慶賀之後，當天晚上，男孩會被族人們親手綁在森林中的一棵大樹上，獨自一個人渡過成年日的夜晚。

森林中的毒蛇與猛獸總會在夜晚出沒，這個即將成爲印第安勇士的男孩，必須克服心中的恐懼，因爲只要他通過這個考驗，他便能成爲部落中公認的眞正勇士。

你經得起吃苦嗎？你能熬過每一個痛苦難耐的折磨嗎？

其實，印第安如此篩選出生的嬰孩是很殘忍的，畢竟才剛出生的孩子，怎能預料他未來不會是個勇士呢？

不過，這個「土法優生」測驗的意義，與孟子「天將降大任於斯人」的定義卻是相同的。

不能經歷苦痛或磨練的人，便不可能有所成就；不能忍受或戰勝這些困難與險境的人，他們的人生路將一輩子走得很辛苦，更無法享受苦澀中也有甜美的幸福感。

堅強你的意志，勇敢地面對每一場重要的磨難，當你能熬過每一個艱苦的日子時，你便能成為永遠的勇士，再多的辛苦也不足爲懼。

每一個缺陷都有存在的意義

認真地看看自己，你將會發現，上天的安排是非常巧妙的，每一個個體的存在，不僅有不同的意義，也各有不同的美麗。

你羨慕別人亮麗的外表，總覺得自己抬不起頭嗎？你十分在意自己身上的缺陷，總是自怨自艾，埋怨老天不公平嗎？

何妨暫時放下心中的怨懟，靜下心來仔細思量，上蒼給了自己這些缺陷，究竟有什麼積極的意義？

不管是外在形貌，或是內在心理的殘缺，每一個缺陷的發生都有它的意義。可能是爲了賦予你不平凡的人生，也可能是爲了讓你走完顛簸的道路之後，更懂得珍惜自己獨一無二的生命。

有隻毛毛蟲總覺得自己長得很醜陋，行動也不夠靈活。雖然牠知道自己有一天會變成美麗的蝴蝶，但還是忍不住經常向上帝抱怨：「上帝呀！您爲何把我的一生分成兩個階段，前段又醜陋又遲緩，之後才變得美麗又輕盈？讓我的前段人生受盡人們的辱罵，後來才獲得人們的歌頌，您不覺得這樣很不協調嗎？」

毛毛蟲接著向上帝建議說：「可不可以請您平均一下，讓我現在醜一點，卻能夠行動得輕巧一些，而當蝴蝶後，因爲有了漂亮的外貌，行動則可以遲緩一點，那麼，我人生的兩個階段才能都過得很愉快啊！」

上帝說：「你認爲這個構想很不錯吧？但是你有沒有想過，要是眞的如此，你根本活不了多久。」

毛毛蟲吃驚地問：「爲什麼？」

上帝笑著說：「你想想，有蝴蝶的美貌，卻只有毛毛蟲的速度，不是一下子就要被人們捉走了嗎？」

上帝接著還說：「你知道嗎？正因爲你現在的行動遲緩，我才會賜給你醜陋的外貌，讓別人不敢碰你。他們對你不理不睬，可是好處多於壞處啊！你再仔細考慮一下，如果你還是堅持要一個行動遲緩的美麗身體，我仍然會成全你的。」

這時，毛毛蟲慌張地說：「不！您還是維持原來的安排吧！」

有人說：「上帝是公平的！」

這個驚嘆聲的出現，往往正面對著一個殘缺而堅韌的生命力。老天爺是公平的，就像許多殘障者一樣，因爲殘缺的身體，所以他們以毅力補足這個殘缺，讓自己的生命健全而完美。

我們身上的每一個缺陷都有它存在的意義，就像故事裡的毛毛蟲，因爲醜陋，所以才能自在而緩慢地享受人生。

相反的，當你的一切都是最美好的時候，這種完美反而是一種沈重的負擔，並且暗藏危機。就像美麗的蝴蝶一樣，美麗的本身充滿誘惑，隨時要擔心人們的捕捉，不能自在飛舞！

現在，你還悲痛自己的缺陷嗎？又或者驕傲自己的完美呢？

認眞地看看自己，你將會發現，上天的安排是非常巧妙的，每一個個體的存在，不僅有不同的意義，也各有不同的美麗。

想成佛，先去掉腦子裡的壞念頭

仙佛是從人所轉化，和尚尼姑也仍然是個凡人，前者與後者的不同，是因為他們從修口開始，一步步地來到修心，並且慢慢地了解寬容的真諦。

做錯事的時候，不是在佛祖面前跪拜，就會獲得寬恕；也不是到神父耳邊告解，便能得到救贖。跪拜與告解的意義在於發自內心的懺悔，當你自省之後，心智更爲澄清，面對人事物更懂得寬容，那麼你的修身之路就已經開始了。

智光是個很不拘小節的和尚，對於煙酒全都來者不拒。

至於妙明和尚，則是一個不苟言笑、自我要求十分嚴謹的人。

這天，智光又在喝酒了，妙明正好經過他的身邊，熱情的智光便邀請他一同共飲，沒想到卻被嚴厲地拒絕。

智光被拒後，接著脫口說：「連酒都不喝，眞不像人！」

妙明聽到後，轉身怒道：「你竟敢罵人！」

「我沒有罵你啊！」智光一臉無辜地說。

妙明聽到他還想狡辯，生氣地說：「你明明說，不會喝酒就不像人，這不是在罵我嗎？」

智光認眞地點了點頭，說：「是啊！你的確不像人。」

這下眞可把妙明給惹火了，怒氣沖沖對著智光大吼說：「你還敢說這不是在罵我？哼！」

氣得火冒三丈的妙明，一氣之下拂袖而去，從此與智光老死不相往來。

事後，有人責怪智光，怎可以說妙明不像人呢！智光仍然無辜地說：「他是眞的不像人嘛！不過倒挺像仙佛，你想，哪有人滴酒不沾的呢！」

看似六根不淨的智光，其實比妙明的修爲更高一層吧！因爲，妙明的心裡仍有雜念，才會裝不下智光的話，因爲修爲不夠，才會對著智光發怒。一比較後，智光便比妙明更高一籌，即使煙酒不忌，智光的悟性與心性卻都更接近佛性。

看看現代自以爲禪修的那些人，總是修口不修心，以爲少吃點肉、多唸點阿彌陀佛就可以成仙成佛，然而，腦子裡卻老是佔滿了邪惡、卑劣的壞念頭，倘若這樣也能有所修爲，那麼經書或許得重新撰寫，才能更符合現代人修禪的目的吧！

情與慾是人的天性，仙佛誠然是從人所轉化，但是，如果不懂得禪修的眞義，即使出家當和尚尼姑，也仍然是世俗凡人。

仙佛與僧尼的不同，是因爲仙佛從修口開始，一步步地修心，並且慢慢地了解寬容的眞諦，而有了大慈悲心。至於世俗的僧尼則停留在形式上的修禪、唸佛，連自己都渡不了，還談什麼普渡衆生？

該放下的時候就放下全集

作　者　千江月
社　長　陳維都
藝術總監　黃聖文
編輯總監　王　凌
出 版 者　普天出版社
新北市汐止區康寧街 169 巷 25 號 6 樓
TEL / (02) 26921935 (代表號)
FAX / (02) 26959332
E-mail：popular.press@msa.hinet.net
http://www.popu.com.tw/
郵政劃撥 19091443 陳維都帳戶
總 經 銷　旭昇圖書有限公司
新北市中和區中山路二段 352 號 2F
TEL / (02) 22451480 (代表號)
FAX / (02) 22451479
E-mail：s1686688@ms31.hinet.net
法律顧問　西華律師事務所・黃憲男律師
電腦排版　巨新電腦排版有限公司
印製裝訂　久裕印刷事業有限公司
出 版 日　2019 (民 108) 年 1 月第 1 版
EAN◉471-284718-150-2　條碼 4712847181502

國家圖書館出版品預行編目資料

該放下的時候就放下全集／
千江月著.—第 1 版.—：新北市,普天
民 108.1 面；公分. - (生活良品；03)
EAN◉471-284718-150-2 (平裝)

生活良品
03